「国際派やまとなでしこ」という生き方

加藤秀子

芙蓉書房出版

「国際派やまとなでしこ」という生き方❖目次

第４章　自分を磨く

第5章　ひと味ちがう女性とは……161

第6章　野に咲く花のように……185

序章

私は「国際派やまとなでしこ」

私が生まれたのは一九二七年（昭和二年）三月九日、東京の代々木付近の住宅地だった。近くの「代々木の原」と呼ばれた広大な原っぱを通り抜けると明治神宮だった。子どもたちが走り回って遊べる小さな丘や、野生の木々が茂りたくさんの鳥が飛び交う深い森もあった。夏の夜には空いっぱいに広がる花火を楽しんだ。そんなところで子ども時代を過ごした。

この「原っぱ」には一九〇九年（明治四二年）につくられた陸軍の代々木練兵場があった。馬に乗った将校を先頭に兵隊さんが行進していた。ちなみに、敗戦後ここは米軍の宿舎ワシントンハイツとなった。私がＧＨＱで働き始めた頃、英語を教えてもらうため上司であるアメリカ人将校の家に通った記憶がある。ワシントンハイツは日本に返還後、一九六四年（昭和三九年）の東京オリンピックでは選手村となり、現在は代々木公園として憩いの場になっている。

父の血をひいて、幼い頃から本を読むのが好きだった。姉は書道にも熱心だった。姉も私も香蘭女学校で教育を受けた。この学校は英国の国教アングロ・カトリック（聖公会）が設立した歴史あるミッションスクールで、現在は品川区旗の台にある。ここでキリスト教の教育を受け、英国人教師から英語を学んだ。英語の本をよく読んだことを覚えている。

卒業後、カトリックの聖心女子学院高等専門学校（現在の聖心女子大学）に入学。戦時中の空襲で田園調布の住宅街にあった私の家の一部にも焼夷弾が二発落下。当時の職人が心をこめて庭に掘ってくれた一丈（約三メートル）の深さの防空壕から飛び出して、姉と私でバケツの防火水と砂袋をぶちまけて消火した。これは戦後に伝わる「女英雄物語」だ。おかげで一部焼失ですんだ。そして在学中に終戦を迎えた。

好奇心旺盛だった私は、英文タイプライターや英文速記などを早くから習っていた。これは後々まで大変役立った。

戦後の混乱が続くなか、父の紹介で運輸省に就職した。渉外部での翻訳が仕事だったのだが、その仕事はほとんどなかった。出勤すると、女の子たちがみんなでお茶を入れ、課長級の男性職員の席に配っている光景が毎朝のことだった。私はお茶汲みグループには入れてもらえなかった。私が手伝おうとすると、「いいのよ」と軽くあしらわれたものだ。

ここで働いているときに、語学力を買われて、丸の内の東京中央郵便局内にあったGHQ民間検閲局（CCD：Civil Censorship Detachment）に入局し、一年間翻訳に携わった。当然上司は米軍将校だが、私たち日本人に敗戦国民の引け目を感じさせるようなことはまったくなかった。

その後、天然資源局（NRS：Natural Resources Section）に移り、局長の秘書的業務と通訳の仕事をした。日本の農林省から若い職員も派遣されており、上司の傍らで彼らが口述する文章を英文速記で記録したり、通訳、翻訳などの仕事に忙殺された。毎日発信する書類のタイピングやファイリングシステムなどもここで学んだ。これが私の秘書的業務体験のスタートである。局長のドナルドソン大佐にはメーブル・ヒューズという名のセクレタリーが付いていたが、彼女の有能な仕事ぶり、そして礼儀正しい人柄に私は魅せられた。「秘書」という仕事が運輸省勤務の時に見ていた女性たちのそれとは全く違っていたことが、後に日本秘書協会を有志と共に創設した動機となった。

サンフランシスコ講和条約に至るまでの間に、GHQの部局は減っていった。

その後、いくつかの米国との合弁企業に勤めたが、ある時、アメリカンクラブという団体が米国留学生を募集していることを知り、テストを受け合格した。この試験を受けるきっかけは、天然資源局時代の上司のコセット氏から「アメリカに来て勉強する気があるなら、私の家からジョージア州立大学にいけばいい」と勧められたことが大きい。氏との会話のなかで今でも鮮明に覚えていることがある。

「あなたは空襲で自分の家に焼夷弾が落ち、姉妹で消したと言ったが、それでもアメリカを、そして私たちを憎まないのか？」

「日本には不愉快なこと、嫌な思い出を〝水に流す〟という表現があります」

私はlet it flow downという妙な英訳を使って答えた。その時私の頭の中には、小川のせせらぎと石ころの回りにたまる泥水の風景が描かれていた。じっと考えていた彼の表情を今でも鮮明に覚えている。そして、この言葉は「淡交」という表現に通じることに気づいていた。つまり「人と交わること淡き水の如し」という一句である。

この試験に合格したのは私を含め六人。一行は神戸から日産汽船の貨客船で出港した。十二日間かけて西海岸のカナダ・バンクーバーに到着。そこで六人はバラバラになった。私はロサンゼルス経由の大陸横断鉄道で一路東へ。当時は外貨持ち出しが制限されており、三〇ドルしか持っていけなかった。食堂車に行くことなど考えもしなかったことを覚えている。シカゴの友人の家で一泊した後、南部ジョージア州アトランタに向かった。

留学先のジョージア州立大学ではビジネス・アドミニストレーションを専攻した。当時は専攻できる科目には制限があったのだ。アトランタといえば今では「風と共に去りぬ」で有名な町として知られているが、当時は黒人が差別された地域だった。日本人は誰もいなかった。大学の授業料は奨学金があったし、コセットさんの家に住んでいたので出費はなかった。日常の小遣いを稼ぐため、そして好奇心から「アトランタ・ジャーナル」という新聞社でアルバイトをした。そこでアメリカ流の仕事の現場を体験し、さらに社長に付いていたセクレタリーの仕事ぶりを見た。アメリカではイエスとノーがはっきりしており、なにごともビジネスライクなのだ。当時の日本では「善処します」というような表現がよく使われていたが、何と通訳したらよいのか困ったことがしばしばあったので、アメリカでの体験は帰国後の私に大きな影響を与えた。

二年間の留学を終え、帰国の途に就いた。行きは貨客船だったが、帰りは飛行機である。ノースウエスト航空機で、アリューシャン列島のアッツ島に寄港して羽田空港に着いた。

アッツ島では一九四三年（昭和一八年）五月、米軍の攻撃を受けて日本軍守備隊が玉砕している。飛行機が着陸した時、この痛ましい記憶が生々しくよみがえったのを覚えている。

帰国後すぐに、銀座東急ホテルに入社した。二十九歳の時である。留学経験もあるし、英語ができるという点で日本の会社とは比較にならないほど高い給料をもらえる外資系企業にという勧めもあったが、アメリカの企業を体験してきた私は日本企業が代々受け継いできた経営方法に興味があったので東急電鉄系の会社を選んだ。

東急電鉄のホテル事業進出は一九六〇年開業のこのホテルから本格化した。東急の総帥五島慶太は赤坂の東京ヒルトンホテルの建設を機に国際的に通用するホテル経営に乗り出そうとしていたが、ヒルトン・インターナショナルとの提携交渉に時間がかかり銀座東急ホテルの開業が先行したのだ。客室四〇〇以上の大きなホテルだった。総支配人にはスイス人のトゥアー氏を招き、私はそのエグゼクティブ・アシスタントとして働くことになった。アメリカで使われはじめていた呼称で、日本では当時は馴染みはなかったようである。

仕事の内容は秘書兼通訳で、当時、ほとんどの日本人従業員は英語を話せず、スイス人総支配人との間にさまざまな行き違いが生じた。コミュニケーションを図るのに苦労したことが思い出される。かなり重い仕事だったが、合理的な西洋式と旧態依然とした日本という、全く異なった仕事の仕方から学んだことは多かった。

そうするうち、遅れていた東京ヒルトンホテルの一九六三年の開業が決まり、私は移籍した。東京オリンピックの前年でもあり、世の中は活気にあふれていたが、あわただしく開業準備に追われる毎日だった。東京ヒルトンホテルではアドミニストラティブ・アシスタント、秘書役として勤務した。一九六六年のザ・ビートルズをはじめ外国の有名人が多数このホテルを利用したことで日本人にも馴染みのあるホテルである。

ちなみに、東急とヒルトン・インターナショナルの提携は二〇年間続き、契約終了後の一九八三年に東急側は「キャピトル東急ホテル」に名称変更している。一方ヒルトン側は新宿に「東京ヒルトンインターナショナル」を開業した。

「秘書」のための団体「日本秘書協会」は一九六八年に設立された。アメリカ留学中、私はＩＢＭの秘書の女性に誘われてアメリカの秘書協会の集まりに何度も出席していた。その時の経験を活かし、日本での協会設立に全力を注いだ。

当時は、仕事の出来る女などいるはずがないと思われていた時代。秘書の仕事は「お茶くみ」が大半だったが、外国人上司の下で働いていた私は、これはおかしいと思った。外資系企業では男女の区別無く能力があれば仕事上のパートナーとして認められるのだから。

こんな話がある。あるアメリカの企業幹部が私に言った。

「僕の秘書は、僕の仕事を邪魔するだけだ。〇〇氏に電話してくれと頼むと、電話番号を教えてくれと言うし、作成しておくように指示した書類が夕方になっても出来ていない。

これでは邪魔をしているようなものだ」

　上司の判断に必要な書類を的確に揃える、上司の仕事が円滑に進むよう環境を整える。こういった仕事の教育、訓練が当時の秘書には求められていなかったのだろう。私は、どうしたら上司の片腕になれるかを絶えず考えていた。当時、私のような仕事のやり方は日本では珍しかったようだ。外資系企業では当たり前なのだが。

　専門的なスキルを身につけた秘書の質的向上と国際的な秘書教育が必要なことを痛感し、そうした要請に応えるものとして、日本秘書協会を設立し、さらにその数年後、ＣＢＳ（Certified Bilingual Secretary　国際秘書）資格を考案し、検定試験実施の委員会を設立した。その際、経団連の秘書室長居林氏を通じて土光敏夫氏に会い、対談することができた。そして秘書的業務の重要性をご理解いただき、試験合格者には土光氏の署名入りの合格証書を交付することにした。正しい日本語の知識とビジネスの国際語である英語を使いこなすバイリンガルスタッフを養成するこの試みは現在も着実に進み、毎年多くの「国際秘書」が誕生している。

　その後、望まれて国際教育振興会に移った。この財団法人が運営する日米会話学院は、戦前満州国国務院や情報局に勤めた官僚武藤富男さんが、戦後官職を辞して創設した最初の民間の英会話学校である。当初は神田にあった学校は四谷に移転していた。私はこの学院で、単なる英会話だけではなく、バイリンガル秘書養成のための学科創設を考え、SBS（School of Bilingual Secretary）学科長を務め、バイリンガル・セクレタリー、エグゼクティブ・アシスタント、アドミニストラティブ・アシスタントの養成に努力した。当時から私は英語の必要性を強調しすぎる傾向に懸念を持っていた。これでは日本語が乱れてしまうと思い、日本の文化に根付いた日本語の美しさを秘書たちが忘れないようにと、あえて「バイリンガル」を協調したコースをつくったのである。

七十三歳までバイリンガル形式で教え続けた。学生は日米合弁企業で働く人が多く、教官は元軍人ら米国人ネイティブだった。学院の先生の中に、沖縄戦を体験し、戦後すぐに軍隊をやめて来日したアメリカ人がいた。私はその人から沖縄での悲惨な体験を聞き、共に涙したことを今でも鮮明に覚えている。

学院で教えていた頃、東急が中国の無錫にホテルを建設することになり、開設準備の一員として協力を依頼された。ヒルトンホテルのオープン時の私の経験を見込まれ、従業員教育をするためだった。無錫はかつてレコード大賞を受賞した「無錫旅情」（中山大三郎作詞）という演歌で一躍有名になった町で、上海と南京の中間に位置し、小さな河川が無数に流れる水郷である。当時は近代化とは無縁の町だったが、中国語も話せず、中国事情も新聞記事以上にはわからない私は、さまざまなカルチャーショックを受けながら働いた。一九八九年の天安門事件により、いったん帰国したが、その後も学院が夏休みに入ると無錫を訪れ、数年間にわたり従業員教育を続けた。今でも、彼らの愛らしい熱心な表情が目に浮かぶ。

日米会話学院のバイリンガル教師としての仕事を後進に譲ってからは東急電鉄系のカルチャーセンター、銀座教会、日本事務能率協会（現、日本経営協会）などでのバイリンガル教育、そしてそれに準じた文化を学生とともに考え楽しむことに専念した。当時から私は日本の奥ゆかしい文化と美しい言葉に誇りを持っていた。

また、自宅で英語を教えるようになった。私は、英語を学ぶことは日本を学ぶことだといつも考えている。日本語の背後にある日本文化を知ってこそ英語圏の国々との文化の違いが理解できるのだ。

母は茶道、父は俳句、姉は書道と、小さい頃から日本的なものと関わる機会は多かった。なかでも母の指導で子どもの頃から茶道に深い関心をもち、ずっと研鑽を積んできた。簡素で、能率的で、他者への配慮の精神というのが茶道の精神の根本なのだと私はいつも思っている。茶の点前のなかで交わす日本語はことのほか美しい。床に飾る墨跡や絵画の軸、そして季節を味わう野の花を素朴に花入れに挿して、客とともに楽しむ。あの雰囲気に日本独特の美しさ、やさしさを感じる。

私の家には茶室がある。午前中英語を習っていた人が午後には茶室に移り、茶道の美しい所作と日本語を楽しんでいる。そんな光景が日常的に見られるのが最高の楽しみになっている。

また清泉女子大学講師や東急セミナー「ＢＥ」の講師も長く務めてきたが、近年では、東京外国語大学や創設約半世紀となる日本秘書協会での講演も引き受け、若い人たちに私の経験などを話してきた。

若い頃にアメリカに留学し、帰国後も外国人との仕事の機会を多く持ってきた私だが、私の心根《こころね》は日本人そのもの。日本の伝統文化、しきたり、作法などへの関心が薄くなっていく世の中に、事あるごとにダメ出しをする私を、ある人は「国際派やまとなでしこ」と評した。ややためらいは感じるものの、本書の書名に使わせてもらうことにした。

いま、あまりの日本語の乱れと礼法の欠如に深く失望している。私たちは美しく、しかもわかりやすい日本語を駆使して、それにともなう日本人独特の奥ゆかしい行儀作法をもういちど考え直してみたい。

第１章

普通の女性が輝けるように

洋の東西往ったり来たり

この頃、自筆の便りを貰うことがほとんどなくなった。ポストを開けて、ふっくらとした封書を手にしたときの期待感、差出人を見なくてもあの人の字だと分かる喜び、それが今はない。自筆だと時間がかかる、漢字が思い出せないから、と言う。

電話も少なくなった。メールかファックスで用は足りるし、画面で一方的に喋り続けることもできる。電話だと、相手の反応を聞きながら用件を話すから時間がかかるし、目上の相手だと言葉遣いにも注意しなければならないし面倒だ、と言う。

読書をする人も少なくなった。実務書ぐらいは読むらしいけれど、読みながら考える、もう一度読み返す、行間に滲む余韻を味わう、そういう読書はない。さらに言えば、活字による表現が減っていく一方、マンガのような表現形態が増えている。

手をかけて料理をすることもない。すぐ食べられるものを使う、半製品を再調理する、忙しい時は外食だ。車、エレベーター、エスカレーターと、人や物の移動も便利になった。自動運転の自動車、電動自転車、〃空飛ぶ宅急便〃など次から次へと新しい技術が出てくる。

どんどん便利になっていく一方、気が付くと、考える力、書く力、読む力、聞く力、表現する力、動く力など人間本来の力がほとんど退化した。失敗した時に味わう苦しみもないし、苦しんだ末に到達した成功の喜びもない。ひたすら便利さを追いかけてしまったが故に、貴重な感性を失った。街を歩く人々の表情が平凡になってしまった。インターネット社会は私たちが考えもしなかった世の中をつくり出していく。

「どうしてそうなるの？」と自問自答する。そうだ、あの先端技術という怪物に日常生活が呑み込まれてしまったのだ。失くしたもの、それは本当は失くしたくなかったものだったのかもしれない。きっとそうだ。

私はときどきペンや筆を執り、ものを書く、手の込んだ料理もしてみる、時の経つのを忘れて友人と話し合う。それは決して時間の損失ではない。私に生きる活力を与えてくれる。

戦前、戦中、戦後と私はまるまる昭和・平成の時代を生きてきた。私の通った大学は空襲で一部焼失した。敗戦後、復学してようやく卒業、そしてＧＨＱ（連合国軍最高司令官総司令部）の一隅で翻訳官を務めた。

客船も飛行機もない時代、数人の留学生と一緒に貨客船でアメリカへ渡り、帰国後は日本側と欧米側の役員の間での仕事、双方の商慣習の違いを体験した。きびしい時間厳守、明確な職務分掌事項、そして仕事上の指導要綱を的確に記述しているマニュアルへと、今では業務上当然のことが当時の日本にはなかったのだ。

作成したレポートを上司に提出したとき、「間違いはないか？」と確められて、「ないと思う」と日本語の直訳のような英語で答えた時、「あなたが思うか思わないか、を尋ねているのではない……」と一喝されたことは今でも忘れない。

イエスとノーが歴然としたこのたぐいのことはアメリカ滞在中にもしばしば体験した。銀行で順番を待って並んでいる私の目の前で、正午になるとピタリと窓口をしめられた時の驚き、駅のホームで「この列車は〇〇駅に行くの？」と係の人に尋ねる私に、「行かないよ」のひとこと。「それじゃ何番線なの？」と聞き返すと、「私はここの係だから別の線のことは知らない」と言われて戸惑った。確かに彼の職務分掌事項以外の件なのだ。

でも日本人の私の心が届いた出来事もあった。留学から数年後、まだ若い人たちの海外旅行が珍しかった頃、二十人位のグループのリーダーとしてニューヨークへ行った。ハイウェイを走る私たちのバスの荷物ドアが急に開いてしまってトランクが路上に放り出された。バスは急停止、みんな車から飛び降りてハイウェイを荷物を追いかけて走り出した。するとピーポ、ピーポとパトカーがすぐさまやってきた。車の中につれこまれて尋問ぜめ。私は一所懸命に説明した。バスの不備はもちろん、私たちはみんな苦労してやっとこの国へ。参加者の多くは初めての海外への旅。そしてトランクには衣類からおみやげまでたくさん入っている。それが突然放り出されてしまった。それを取り戻したい思いで路上を走った……。あきらかに日本流のセンチメンタリズムだと思いながらも夢中だった。しかし、「分かった」とポリスは言い、私たちは罰を逃れた。やさしいポリスの表情が思い出される。

私の心が渇いている、そう思った時、心によみがえるのは「茶心」、幼い時から付かず離れず親しんできた茶の世界だ。そこには私たちが気付かないうちに失くしてしまったすべてが凝縮されて今も鮮明に生きている。年毎に私たちの生活が機械化されていく日々、便利の代償としてなんと多くのものを失ってしまうのか。茶心が仕事をして行く上でいつも私に寄り添うようになったのもその頃だ。

「どうしてお茶なんかするの？」とよくきかれる。その人たちはきっと、「はい、右手を出して、左手を引いて……そしてお辞儀をして……」というあの点前に始まる堅苦しい作法、もしくは和服姿で語り合う仲好しクラブのようなものを想像するからかもしれない。そしてそれらは数十年にわたる私の職歴とは全くかけ離れたものだと思ってそんな問いかけをするのだろう。茶道を通して、他者への心づかいと効率性、そして日本語の美しさを心ゆくまで味わうことができるのだ。そして、陶磁器の芸術的な美しさは心の栄養になるのだ。

洋の東西を結ぶ長いキャリアの中での私の成長に茶道はたえず付き添っていたように思う。ふしぎなことに「こうありたい」という願いに近付くために、一歩でも大人になったかしら、と思うと、私のその願いの目標がさらに遠ざかってしまうのだ。「こうありたい、こうなりたい」という私の願いはいつになってもずっと遠い所にある。その夢を私は追いかけているのかもしれない。

女性が働くことの意味は？

新聞の投書欄に、十七年間専業主婦をしている女性の投書が載っていた。「専業主婦は時代に逆行してる？」というタイトルで、おおむねこんな内容だった。

「周囲に専業主婦はほとんどいない。肩身が狭くなる一方だ」「家事と育児に全力を注ぎたい」「仕事までがんばれるほど器用でない」「育児しながら生き生き働く友人がうらやましい時もあるが、私にはこの道が合っている」「生き方はそれぞれ。国は、働け働けと言わないで。お母さんたちは十分働いているのだから」

総務省の統計によると、二〇〇〇年前後を機に共働き世帯が専業主婦世帯を上回り、以降現在までその差は開き続けている。「男は仕事に出て、女は主婦」というのが当たり前だった頃とは社会が大きく変わったということだろう。安倍政権も「女性活躍社会」という政策を掲げ、女性が働くことを奨励している。

ちょっと待って！　外で仕事をしたい女性が働きやすい社会を作るのは大事なことだ。しかし、そういう人ばかりだろうか。

この投書は多くのことを考えさせるきっかけになった。

なぜ、こんなにたくさんの女性が働くようになったのか。

「子どもを産んだが、仕事は続けたい」「子育ても一段落ついたので自分の能力、技術を活かした仕事をしたい」という積極的な動機もあれば、「経済的な理由で共働きせざるをえない」という理由もある。人さまざまなのだ。

家事や育児に働きがいを感じるのは女性として当然のことであるのに、専業主婦が肩身が狭いと感じる風潮が広がっているようだ。

「女性活躍社会」とは実に聞こえの良いフレーズだが、私は、女性が仕事と家庭を両立させるのはかなり難しいと思っている。昔に比べれば男性は格段に優しくなったし、家事・育児の分担もしてくれるだろう。しかし、なんだかんだいっても、まだまだ男社会なのだ。女性が仕事をするには相当の覚悟が必要だろう。
仕事に生きがいを感じている人は、どんどん自分の能力を伸ばして活躍すればいい。そうした場が保証されるような社会になっていくだろうから。しかしその際、何かを犠牲にするのであれば考え直してほしい。「結婚はしない、同棲で十分」「子どもはいらない」というう人も少なくないようで、ひところＤＩＮＫＳ（Double Income No Kids）というフレーズが流行《はや》ったようだが、こうした風潮が広がれば、ますます少子化が進み、日本の将来はお先真っ暗になってしまう。自分たちが高齢者になった時の社会保障などまったく期待できなくなるようなことをいましていることをわかってほしい。

現代のイキのいい女性たちは、『尽くす』とか「耐える」というイメージが好きではないようだが、形に現われたしぐさとか言葉遣いのようなものに反発するのではなく、女は男とはひと味違う心根《こころね》を持っていると考えられないだろうか。それはどこから来るのか。当然のことだが、それは人間の生命の根源にかかわる、男女の生殖機能の違いに端を発している。

女は体内に卵をつくり、受精した卵を長期間温めて育てる。温かい母性と、したたかな忍耐力と芯の強さは、ここからくる。妻を亡くした夫は往々にしてもろいが、夫を亡くした妻は子供を育て、生計を立てて生きる力を持っている。この母性と芯の強さは、結婚していようといまいと、子供があろうとなかろうと、関係はない。これは女の体の仕組みからくるものなのだと私は考える。

女の体内でつくられる一つの卵は、数億の精子の到来を待ち構えて、その一つと結合する。本能的に女性には「待つ姿勢」がある。指導性をはじめとする攻撃的な資質のほうこそ、後天的に育てられるものなのだ。一般的にいって女性は心のどこかにこの「待つ姿勢」を内在させている。働く女性の中には、心温まる母性――めんどりがその羽の下にひよこを育むような愛情――を持っている人が多い。また有能な新入女性社員の中にも、積極的な待ちの姿勢を崩さず、その芯のあるつつましさを評価されている人たちがいる。

待つのは能力がないからではない。一見《いっけん》受け身のようであるが、心の内には極めて強烈なエネルギーを内包させている。待つことは何もしていないのではない。身構えているのだ。オンドリのような雄たけびを上げて戦いはしないけれど、的確な動機づけが与えられれば、時を告げる、いや機を得たひと声を上げることだろう。

一九八五年に男女雇用機会均等法、一九九九年に男女共同参画社会基本法が制定され、さらに二〇一五年には企業に女性の登用を促す女性活躍推進法が成立した。このような法整備により職場環境は期待通り男女平等になっているだろうか。実態はそうではないようだ。昇進ひとつとっても、女性の管理職はまだまだ少ない。

ただ、女性の管理職が少ないのは差別だと安易に批判するのはいかがなものか。能力を冷静に判断した場合、男性に勝るとも劣らない女性の比率は低いと私は思う。あらゆる分野に女性が進出し始めているが、スポットライトの明るさほどには現状は甘くない。普通の有職女性に対する評価基準は、男性のそれよりもはるかに厳しい。男性は組織人として一応の能力があれば「できる男」とされる一方、女性には気くばり、優しさ、行儀作法が同様に求められる。男性並みの能力があっても、これらが欠落していれば「できる女」としての評価はされないのが現実である。

ワーク・パートナーのすすめ

ワーク・パートナーは女性が最適

女性が生かされる専門職位として、ワーク・パートナーについて考えてみたい。

「ワーク・パートナー」とは私が創り出した職名表現であるが、べつに目新しい職種ではない。国際的活動の活発な企業や、専門研究機関のトップや中堅幹部の中には、すでにパートナーシップを組んで仕事をしている人がかなりいる。ただ、その場合も「ワーク・パートナー」という専門的職位の名称は定着しておらず、「秘書」という名称の下に総括してしまっているケースが多い。ワーク・パートナーはトップやマネジャーの業務遂行を補佐するという立場をとりながら、男女が平等な社会をつくりあげるための良きアドバイザーでもある。したがって両者の関係は上下関係ではなく、バイラテラル（水平）な関係であるべきだ。

要するに、指示をしたり命令をしたりするのは双方であり、片側通行ではない。マネジメントとアドミニストレーションの二人三脚関係である。どちらが男でどちらが女でも差し支えないが、ここではマネジメント側を男性、アドミニストレーション側を女性として話を進めよう。いずれにしても、男性と女性の組み合わせがいい。

男性たちと一緒に長い間職場生活をした体験から、私は男女の違いを認めざるを得ない。男は男らしく育てられ、女は女らしく育てられ、という部分も確かにあるだろうけれど、それはごく意識の表面的な部分で、時代が変われば男らしきもの、女らしきものの形は変わる。もっと本質的なところで、女は男と違う。

経営者は両性思考ができることが望ましい、と盛んに論じられたことがある。いまでもこの考えは通用するだろう。要するに、女性の考え方と男性の考え方が共有できて、それを実行できて初めて市場のニーズを満たすことができるのである。男女のいずれかにこれを共有させるのは不可能だ。

男性と女性には、永久に理解し合えない部分がある。だからこそ恋も愛も生まれるわけで、それは未知への絶えざる好奇心だ。アタマでは理解したつもりでも、いざ実行に移されたときに困惑することは、男女とも公私両面でしばしば経験することだろう。しかし、消費者の半分以上を占める女性が何を考え、どのような商品を好み、どのようなサービスを期待しているかを、女性の視点で捉えなければならない。また企業内においては、福利厚生制度でどんな改善が期待されているのかも、女性の立場から捉え直す必要がある。そのためにも、男女のパートナーシップの機能に期待されるものは大きい。

パートナーシップの重要性

さて、パートナーシップを男女双方が大切に維持するための条件を考えてみよう。第一は、マネジャーはアドミニストレーターであるパートナーを利用してはいけないということだ。利用は協力とは違う。協力とは、誠意を尽くして力を合わせることである。利用は有利に用いることであって、自分が得をするために相手をうまく使うことだ。自分の得になる部分がなくなったとき、例えば相手が自分を凌駕する域に達したときは、バッサリと切り捨ててしまうのが利用だといえる。

アドミニストレーターも、いまに見ていろ、あいつを出し抜いてみせる、などとマネジャーに対して野望を持ってはいけない。このことに関しては後述するが、この種の人間はワーク・パートナーには向かない。パートナーはアドミニストレーションの域を出てはいけないし、マネジャーはパートナーの域に踏み込んではいけない。相互に意見交換、提言をしながらこのバランスを維持することで、効果的なパートナーシップが機能するのである。

私は戦後のGHQで見事なセクレタリーの仕事ぶりを見ている。また、留学先の町の新聞社でアルバイトをした時にも、上司と共に働く秘書の姿を見た。当時の日本では見られないほどの実務能力であり、行儀作法も素晴らしいものだった。

ワーク・パートナーの効果とは

ワーク・パートナーシップは上下関係ではなく、バイラテラルの二人三脚だから、双方遠慮なく意見交換ができる。業種によっては多数の女性を関係部門に配属し、男女それぞれの意見を反映させて商品を開発し、サービスの質を向上させているところもある。しかし、女性を交えた販売会議や企画会議において女性の意見をある程度確かめることはできても、会議の席では論のたけたものが力を得、その意見が通される傾向が強い。その点、ワーク・パートナーとの対談では、より広範囲に、より緻密に、そして何よりも異性間の感覚の違いについて、より率直に意見を交換し合えるから、現状を正確に把握できる。通常、会議には必ずワーク・パートナーが出席し、議案も彼女らの公平な視点で作成され、議事録も公表される。

多角化、新事業開発、新分野参入、国際化、全社的なイノベーションなど、企業が抱えている課題は多い。トップダウン型経営組織の欧米と違い、日本では中堅層が事業展開の中核的役割を果たすのが普通だ。ミドルは大きな期待をかけられている。彼らには戦略を立案し、企業を発展させる責任が課せられている。そのうえ彼らは部内で優れたリーダーシップを発揮していかなければならない。柔軟な発想も不可欠だ。

部門の業務進行の交通整理をしながら、進路を決めるハンドルをさばくのは至難のわざである。苛立ちが募り、ストレス過剰を起こし、心身ともども極限状態の疲労に陥ってしまうのがミドルマネジャーの現状である。このように多忙なマネジャーが存分に実力を発揮して機能するために、アドミニストレーションのすべてをワーク・パートナーに任せ、効率よく整備してもらう。日本人の会議のやり方は決してうまくない。時間だけが流れていき、後日のフォローアップなどが的確に決まらないうちに会議が終了してしまうようなケースも多い。会議の議事録の作成などはワーク・パートナーが客観的な観点からまとめるのが望ましい。ミドルこそパートナーが必要なのだ。

脱秘書時代へ向けて

かつては、役職者はあうんの呼吸でお茶をタイムリーにいれてもらえた。デスクの上にはいつも備品が揃えられていた。いまは、この種のサービスを喜んで提供する女性はあまりいない。そのようなしつけを受けない人、あるいは受けたとしても意識の上を素通りした女性がほとんどだ。要するに、目上の人に気遣いをするような生活体験がない。両親とも学校の先生とも、みんな仲間意識で付き合ってきた。加えてパソコンの操作で、自分が機械に命令したり、指示したりする習慣が身に付いてしまっている。機械は指示どおりに動いてくれる。あうんの呼吸などわかろうはずがない。当たり前の気くばりとこちらが思うことさえ、言われなければやらない。それが習慣化していないから、教えてもそのときだけで終わる。といっても、別に悪意があるわけではないのだが……。

一方、男性役職者はどうか。こちらも若返りで、一世代前とはかなり違っている。機械で遊び、家電製品でけっこう器用に家事をやってのける世代だ。一人で食事をすることにも慣れている。彼らは、女性にものを頼むよりは、自分で何でもする。自分の好みでコーヒーをいれる。一時代前の、座ったままの肥満マネジャーの時代は終わっている。電子手帳を器用に使う。コンピュータも好きで、文書作成・保管を中心とする情報処理業務は自分でするほうが速いし、楽しんでいる向きもある。

こうした変化の中で、「上司に仕える」という伝統的な秘書業務は消えていくだろう。いや、すでに消えているかもしれない。たとえ英語で「セクレタリー」と呼ばれたところで、先端技術の中では単純作業の繰り返しである。こうした任にあたってきた秘書・セクレタリーは、時代の要請に応えていい仕事をしてきたし、いまもしている人たちだ。しかし、ＯＡ機器が皆無であった時代に活躍したタイピスト、速記者、そしてあの複雑な交換台を手際よく操作した電話交換手と同様、彼女たちは将来、それも比較的近い将来には、新しい任務に移行せざるを得ない。

依然として女性の介添えを必要とする古典的なマネジャーも存在し続けるかもしれないし、その世話をするのが好きな女性もいるだろう。しかし、この種のサービスは、パートタイマーやフリーターなどの一時的な職になる。これからの大方の女性は、このレベルの仕事を十数年も続けるには、能力は別としても、意識が目覚めすぎている。

さらにいま、秘書という呼称はかなりイメージダウンしている。たぶん政財界秘書の灰色事件などと結び付いてしまったからだろう。企業内の秘書もどこか大奥の宮仕え的イメージがある。アメリカでもセクレタリー職は一時代前のような女性の上級職ではない。しかし本当にやる気のある誠実な女性たちが、下降気味の呼称から脱皮し、単純作業の反復から一歩、いや数歩踏み出し、彼女たちにふさわしい職位に就く可能性を創り出したい。そのために私は「秘書」という呼称を「ワーク・パートナー」に置き換えてみた。すでにこの呼称を使う組織体も出てきている。

効率だけを追いかけるな

窓や壁を背にして部課長が座り、その前に社員が向き合う形で仕事をする伝統的な机の配列は、大方消滅した。営業渉外係は社内にいるときは一つの机を共有している。社員はスクリーン越しに人の背中と壁を眺めてキーを叩く。一人で黙って仕事をする時代となってしまったのだ。人という文字が表わしているように、二つの線が相互に支え合っているのがノーマルな人間の状態であるのに、いまは違う。「なんだ、これ、変だぞ」「おかしいナ、違うんじゃないかナ」などと機械に向かって言っても、どこからも応答がない。一人でいるときでも誰かがそばにいることを人間は潜在意識に持っているから、機械や壁に向かってついモノを言ってしまう傾向がある。

最近は職場だけでなく、電車の中でも独り言を言う人をよく見かけるし、携帯電話でお喋りに興じている者もいる。みんな人恋しいのだ。人間が人間らしく機能していない、そこに現代人の悩みがあるようだ。人と雑談するのは無駄な時間のように見えるが、それも必要な息抜きでもあるし、思いがけない発想が生まれるきっかけになることもある。効率ばかりを求めていると、息切れをしてしまう。

トップからミドルに至るまで、マネジャーは多忙であり、孤独だ。必要な情報はいくらでもコンピュータから取り出すことができるが、喜びや悲しみ、怒りを分かち合う人はいない。ひと昔前のように、顔を並べ、向き合って仕事をするのは効率面からいえばマイナスかもしれないが、「困ったナ」と言えば「どうした？」と、「どうしよう？」と言えば「こうすれば」と、向かいや隣りから声がかかったことで、ストレスはずいぶん解消されていたのだ。そのような職場環境を現代人はまったく経験していない。パートナーを組む人間がほしいのだ。

人間はしょせん感情の動物だ。人きりでは淋しい。それなのに現代では、子供から大人まで、一人ぼっちになりがちだ。一人の生活に慣れてしまうと、淋しさを感じなくなる。「私は孤独が好きだ」なんてちっともカッコよくない。精神的に不健全な人間だ。人と人とのもたれ合いが精神の安定をつくる。「人」という漢字はお互いを支え合う形になっている。人間不在の環境に耐えられる人間がいるとしたら、それはマネジャーに必要な人格ともいうべき人間性を欠いた人間だ。人恋しく思う人こそ、人をまとめ、人を統率し得るからだ。

一人でいても豊かな心が持てるのは、修行を積んだ高僧ぐらいだ。平凡人にはとうていあり得ない。

仕事をする上で、心の問題は非常に大切である。人の心のあり方が仕事に反映する。いまマネジャーに求められているのは、強くて温かいリーダーシップだ。経営戦略を立ててそれを効率よく機能させ、部下に最大限にやる気を持って働いてもらう雰囲気づくりをする能力である。リーダーの人格がまず問われるのも、このためである。一人ではカバーしきれない。パートナーシップで相互に足りない部分と行き過ぎた部分を調整し合いながら、リーダーの役割を遂行する。

また、やる気を起こさせるのは命令、指示の的確な伝達であるから、上から下へ、下から上への円滑なコミュニケーションが基本となる。マネジャーと部下の間に位置するパートナーの機能に期待したい。

ＣＳ理念とワーク・パートナーの役割

製造業からサービス業に至るまで、いま企業に求められているのが「ＣＳ発想」である。日本ではカスタマーズ・サティスファクション（顧客満足）と解されて、各社がその定着化を懸命に競い合っているが、もともとはカスタマーズ・サービスとして、アメリカで端を発したものである。顧客が満足できるサービスを顧客に対して行なう、ワーク・パートナーはこのＣＳ理念の実行に協力できる適任者である。

ＣＳの第一は対応のよさだ。よい対応とは、顧客のクレームに対してあとで考えるとか、あとで返事をするというのではなく、即対応することである。これができるのはマネジャー自身か、彼の仕事を掌握し、問題点を共有している人のいずれかである。言い換えれば、マネジャー自身かワーク・パートナーである。複数の部下には、マネジャーのＣＳ理念を浸透させにくい。クレームの受け手になった人の返答の仕方がそれぞれ異なるようでは、ＣＳの成果は上がらない。

マネジャーの留守を守るのは、ワーク・パートナーの役割である。顧客への対応がワーク・パートナーの領域を越える問題なら、たとえば「三時には返答できる」と答えて、その間にマネジャーに連絡する。時間を設定することも即対応である。即決を要することなら、マネジャーは外出先から数分後に顧客に対応できる。

とくに営業に携わる人は外部の人と接触することが多いので、質の高い即応力が不可欠だ。顧客に対していかに良い商品を売ったとしても、サービス面でこのような即応ができないことが顧客をいら立たせていることに、企業は意外に気づいていない。この些細な面での即応の積み重ねが、良いサービスにつながる。

セールスに付随する必要なステップをもれなくフォローして、約束を全うするのがワーク・パートナーである。

ＣＳの第二はトータルイメージである。顧客の視覚、聴覚など、感覚に訴えるすべてである。まず社員の礼儀作法がある。これは好ましいコミュニケーションの基本である。いうなれば即応力の中身だ。声調、言葉遣い、話し方、態度、表情が一体となって他者に好感を与える。

最近の職場では、礼儀作法が往々にして軽視されがちだ。キャリアウーマンの中には、言葉遣いから仕種に至るまで、粗野な人がいる。彼女たちは顧客を不快にさせる。マナーは一定期間の研修で修得できるものではない。言葉遣いにはその人の性格が表れる。その人そのものである。

来客の応対はアドミニストレーション・レベルの重要な部分である。新人研修や秘書研修の際に行う接遇、電話応対などをはるかに超えた高次元のものである。形に表れたプロとしての品位、とでもいうべきか。

顧客の心理は千変万化、一人ひとりへの時に応じた適切な配慮となると、外部からのプレッシャーでゆとりを失くしたマネジャーよりは、ワーク・パートナーのほうが適している。パートナーの配慮あるマナーは、トータルイメージの重要な部分となる。

勤務場所、備品なども視覚に訴えるもう一つの職場の風景だ。整理整頓された職場に、顧客はまず信頼感を持つ。趣味の良い調度品、メンテナンスの行き届いた機器の配列、什器・備品の統一は、ＣＩ（コーポレート・アイデンティティ）にもつながる。

ワーク・パートナーがいると、緊張した部内の空気を和らげる効果がある。外回りをしてきたマネジャーや社員へのねぎらいのひと言は、彼らの疲れをいやす。ゆとりある心づかいや洗練されたユーモアのセンスは、張り詰めた雰囲気を一転させる。周囲の人が感情的になったときでも、ワーク・パートナーというワンクッションがあることで、冷静さを取り戻せるかもしれない。このような「役割」というか雰囲気をもたらす女性こそ有能、いや優能ではないだろうか。

異文化交流もスムーズに

同時通訳者はほとんど女性だ。中国でも高官の通訳は、テレビで見る限り女性である。

国際化には英語力は欠かせない。同時に異文化への感受性も求められる。女性は比較的、楽に異文化を受け入れる。海外勤務経験があり、英語に卓越しているマネジャーであったとしても、アドミニストレーション領域はワーク・パートナーが主役である。

国際化に向けて、諸外国との情報受発信は加速化している。人的交流も繁くなる。英語は世界の共通語だ。外国人顧客に対する接遇も、電話、書類の受発信も、ほとんどが英語で行われる。外国人をまじえた打合せや会議も英語で行われる場合が多い。

ワーク・パートナーはそうした場面で必要情報を抽出し、マネジャーに提供する。マネジャーと国内外の人たちとの間にいて、日英二か国語によるリエゾン役を務めるのである。

ワーク・パートナーは、その場で通訳を兼ねることもある。記録を作成することもある。議事録を出席者に配布し保管するだけでなく、決定事項の進捗状況を把握し、未決定事項のフォローを行う。

私の経験でも、外国人の上司と日本の重役方との間で、言葉はもちろん各国の慣習、仕事のやり方、考え方などを理解しあえるように導くことはとても難しい。だからこそ、そこにやりがいがあるのだと思う。時にはユーモアを交えたエピソードやたとえ話などでその場の雰囲気を和らげることもできる。

留守の守りを完全に

ワーク・パートナーの責任分野はアドミニストレーションであるから、出張に随行することはない。出張に際して、マネジャーはワーク・パートナーに出張先と日時、目的を伝える。ワーク・パートナーは必要情報を収集・整理し、旅程表を作成する。出張の目的を達成するために誰とどういった会合、打合せが必要かを相談し合い、出張中の時間を無駄なく使えるようにスケジュールを組む。必要な資料、備品、用具類もれなく揃える。

さらにワーク・パートナーは、留守中の仕事の流れを管理する。受信情報、電話、来客など部内でのすべての問題はワーク・パートナーが処理する。

処理の分類基準は、第一が、アドミニストレーションの権限内で意思決定して、アクションをとるものである。それがさらに、後日マネジャーに事後報告すべきもの、単に記録として保管するもの、他部の担当者に転送してアクションをとらせるものに分かれる。

第二が、出張中のマネジャーに連絡し、相談し合う問題である。マネジャーはアドミニストレーションの交通整理をパートナーに任せることで、出張中の業務に専念できる。

マネジャーは帰社後、出張中の報告を全部員に事細かく報告しなくても、ワーク・パートナーに関連資料をブリーフィングして渡せばよい。ワーク・パートナーは報告書を作成し、配布し、説明し、問題点をまとめ、マネジャーにフィードバックする。

また必要に応じて社内会議を設営する。こうすることで、マネジャーの帰社後の業務負担は、かなり軽減されるのである。

ワーク・パートナーのリーダーシップ

ワーク・パートナーはマネジャーの部下ではない。彼女はマネジャーの延長線上にあり、管理面においてはマネジャーの部下に指示を出すことができる。場合によっては、主導権を握って対応していくことが必要であるからだ。

日常的な一つの例を見てみよう。営業担当マネジャーとのパートナーシップの例である。ワーク・パートナーが朝出勤してみると、マネジャーの机上に「一一時中村氏」と記したメモがある。マネジャーは、今日は客のところを回って一〇時頃に出社予定だ。ワーク・パートナーの記録では、一一時には中途採用をする予定のB氏との最終面接があり、それはマネジャーのデスクカレンダーにも記載されている。これはダブルブッキングか。しかし、よく考えてみると、次長の中村氏がこの面接に同席するということかもしれない。そこで中村氏に連絡してみると、何も聞いていないとのこと。マネジャーの伝え忘れもあり得る。中村氏の今日の予定を聞き、外出時の連絡先を一応聞いておく。

一方、中村氏が外部の人である可能性もある。そうだとすると被面接者のB氏はどうなるのか。B氏にあらかじめ連絡して、来社前に確認の電話を入れてもらうよう手配する。もしB氏と連絡が取れない場合は、この採用の件に関係ある人事担当者に連絡し、できる限りの対応をしてB氏に迷惑のかからないように相談しておく。

これらはすべて、ワーク・パートナーのリーダーシップで行われる。予測対応力の行使だ。マネジャーが出社して、メモにあった中村氏が次長の中村氏だったと判明しても、すでに対応はできているし、外部の中村氏であった場合でも、ダブルブッキングのイメージダウンは避けられる。営業担当者の意識は外部に傾きがちだから、このような内部的な行き違いは生じやすい。ワーク・パートナーのリーダーシップで、会社のイメージアップが図れる。

ワーク・パートナーの主要業務

ある組織にはプログラムの「長」の下に数人のファシリテーター（進行役）がいて、懸案の討議を定期的に行い、現場の情報を吸い上げる。問題点がまとまったり、改善案や新規プログラムの細部ができあがったところで会議が持たれる。ワーク・パートナーは、マネジャーと相談して議案を作成し出席者に配布する。会議にはマネジャーの隣に座り、議論の内容を記録し、当日中には議事録にまとめる。さらに未解決事項に関してのフォローアップもワーク・パートナーの仕事である。

つまり、ファシリテーターは、業務をファシリテート（促進）させる役割を担っているのである。ワーク・パートナーとマネジャーは平等な立場で、相互の責任分野を全うすることで、全体的な作業を促進できる。パートナーシップ・システムでは、マネジャーは経営に関する情報をもれなくパートナーに伝え、パートナーはそれに基づいて生ずるアドミニストレーション部門の進行を正確・迅速に実行していく。この連携を密にして、全体的な業務の進行を促進させることができる。

また、マネジャーとの面談希望がある場合、ワーク・パートナーは会談の内容を確かめることができる。用件によってはワーク・パートナーのほうがより速やかに、効率よく、事を処理できることがあるだろうし、他部のマネジャーか彼のワーク・パートナーが、適切な対応をとれるかもしれない。ワーク・パートナーは、マネジャーの時間の浪費を未然に防ぐことができる。

社員がより効率よく作業できるような職場づくりも、ワーク・パートナーの仕事である。採光をよくするために、もう一つライトがあったほうがよい。仕事の量が一時的に多くなるときを予想して、パートタイマーの採用を人事と相談する。新機種の事務機に換えたほうがよい。カーテンの色は採光効果を上げるために何色のほうがよい。全体的な仕事の流れはこのように変えたほうがよい。他部と重複する仕事は整理したほうがよい。自分の部署内で解決のつかない改善事項は他部と折衝する。これらはすべて、アドミニストレーション担当の、ワーク・パートナーの提案である。

経営者層が最も効率よく機能できるように、臨機応変な発見と創造を行う。そして、それらを実現していくためのディグニティ（品位）と温かな人間性が、ワーク・パートナーには求められる。

アウトバスケットはいつもクリアに

多少余談になるが、私がインバスケットなるものにふれたのは、戦後すぐにＧＨＱの民間検閲局に翻訳官として勤務していた頃である。英文タイプと英文速記の能力が現在では当たり前のスキル、あるいはすでに過去のスキルになっているが、当時は日本人としてこの能力を持っていることはまだ稀少価値だったので、スキルを買われて翻訳官から高官付きのセクレタリーに抜擢された。私の上にはアドミニストラティブ・アシスタント（部課長と同様）の職位を待つ二世の女性がいて、私はそのセクレタリーを務めた。

体が大きく、大声で叫ぶクセのあるそのアメリカ人高官が、ひどく恐ろしい存在に思えたものだ。彼から「プリーズ、クリア、マイ・バスケット」と指示された。私はそのとき、バスケットとはいったいなんぞやと、一瞬戸惑った。バスケットといえば、子供の頃のピクニック用の竹かごのイメージしかない当時だったのだから、無理はない。彼は机上の右側にある、金網でできたカゴを指で差し示した。その中には彼の署名入りのレターや、他部から回ってきた社内メモ、プリーズ・ファイルと左肩に書かれた処理済みとおぼしき書類などが入っていた。ファイリング・システムなる手法も、ファイリング・キャビネットという器の使い方も当時の日本には全くなかった。

彼が私に求めたのは、このアウトバスケットに入っている処理済みの書類を上司の指示に従って速やかに処理せよということだった。書類の流れがこのように管理され、上司と他部署、あるいは外部へ流れるコミュニケーション手法は、欧米ではすでに常識であったが、日本では既決、未決の重い木箱の中の書類は、このように効率よく回転してはいなかった。こうした点での秘書的役割はなかった。

マネジャーとワーク・パートナーのコミュニケーションは、このインバスケットの活用に負うところが極めて大きい。不在地主であるマネジャーのインバスケットに、あらかじめ必要な連絡事項や受信書類を入れる。必要があれば、ワーク・パートナーの注釈も入れておく。マネジャーは在席中にこれを読み、パートナーに要求する指示メモなどを添付してアウトバスケットに入れる。

ワーク・パートナーは定期的にこのアウトバスケットを点検して、マネジャーがどのような決定をし、それにともなう行動をとろうとしているのかを理解し、その意思決定に間違いがあると思われたときは、それを実証するようなデータをマネジャーに提供し、助言する。相互確認と相互指示はすべてこのバスケットを通して行われた。

こうした方式が現在のインターネットに進化した。マネジャーとワーク・パートナーの仕事の仕方も将来ますます簡素化し、同時に正確性も保たれていくであろう。

広報にもひと役を

パブリック・リレーションとは、企業または専門団体が行う広報活動で、一般にＰＲといわれる。広報活動によって、企業と地域社会との関係、顧客、業者、株主、その他一般人との関係が左右される。外部の人たちが企業に対してどのような反応を示すかは、広報活動の善し悪しに起因する。

一般には会社内に広報担当部門があり、いっさいの広報活動を行うか、また外部のＰＲコンサルタントと契約し、これに広報活動を委嘱する。いずれにしても広報活動担当者は、テレビ、ラジオ、新聞、雑誌、その他の媒体に対して効果的な広報活動を行う。

ワーク・パートナーが直接このような広報活動を行うわけではないが、マネジャーの意見を外部に対して伝えることはよくある。各種の問い合わせや依頼事項、商品への苦情、サービスへの不満は、マネジャーへ向けられるが、これを最初に受けるのがワーク・パートナーである。

彼女の受け方、処理の仕方は、マネジャーのイメージを大きく左右する。パートナーの権限範囲内で処理するか担当部署に回すかの判断・決定は即対応が求められるものであり、的確で礼節をわきまえたものでなければならない。

報道関係の記者にはできるだけ協力的な態度で接することを心がける一方、公式に発表されていない社内情報は、どんなことがあっても漏洩しない。このようにして誤報を予防する対応ができる。

ワーク・パートナーにふさわしい女性とは

経営者層やその他の特殊な分野で女性たちが輝かしい活躍を見せていることは、もちろん喜ばしいことだけれど、アドミニストレーションの部門にいる多くの女性たちが、いっそうの充実感を持って仕事をするようになれば、もっと素晴しい。

上司がイヤだからやる気が起きない、というのも女性の本音ではあるが、「こんな人なら責任を持たせて一緒に仕事がしてみたい」と考えているトップはたくさんいる。経営者が集まる会合の席で、よく耳にすることだ。だが彼らの本音は、「でも女性たちの実力と意気込みがいまひとつ足りない」ということなのだ。

ワーク・パートナーは、役職者志向の強い、いわゆるコーポレート・ラダーを昇ることに生きがいを見つけているひと握りの女性ではない。弁護士、医師、技術研究者などの特殊分野を目指す人たちでもない。普通に仕事をしている人たちの中からワーク・パートナーにふさわしい人間を見つけ、訓練をすることが大切である。そこで、ワーク・パートナー・ポテンシャリティともいうべき一二項目を挙げてみよう。

①機械いじりよりは人情で

ワーク・パートナーはいつも、人間と人間との接点にいる。だから機械いじりよりも人間が好きで、ほどよい情感があるのがいい。

②オープン・マインドがある

新しい状況を察知して、素早く順応できる。外国人を含め、未知の人との出会いを楽しむ。異文化には大いに関心がある。そんな柔軟な感性の持ち主がいい。

③ちょっと冷静

冷たすぎてはいけないけれど、自分を客観的に眺められる程度の冷めたところがあるといい。そうすればリスクや妨害に巻き込まれなくて済む。

④カワイ子ちゃんよりアダルト

人間だれしも感情に動かされる。でもそれを時に応じて抑制できるのはやはり年の功。人間としての成熟度は絶対に必要である。

⑤時代センスがある

アップ・ツー・デートという英語表現がある。つまりその時代の常識からずれていない、要するに遅れをとらないということか。ただし世の中の常識はちゃんとわきまえている。こういう人はたぶん、新聞・雑誌はもとより、よく読書をする人だろう。

⑥スポットライトは嫌い

自分にフラッシュを当ててほしくない。どちらかといえば、周囲が輝くのを見て嬉しいと思える人。

⑦センスのいいユーモア

ダジャレはだめ。洗練されたユーモアで、緊張した雰囲気の中に、和らぎの一瞬が得られる。

⑧キレイな言葉遣いで

用件を正確に、簡潔に、それでいて丁寧に表現する。英語を使う場合でも、大げさな身振り手振りは避けて、表現の正確さを求めるのがいい。べつに話し方・書き方教室や会話学校などに通う必要はない。自分にその気があれば、いくらでも自分を訓練できる。それに、言葉にはその人の人柄が出る。付け焼き刃はすぐはがれてしまう。

⑨予測対応ができる

こういうことがあればこうなるだろう、と事態を予測できて、前もってそれに対応した準備と処理ができる。

⑩フォローアップができる

一つの用件を完結するまでフォローする。物事を中途半端に放っておけない人がいい。

⑪向学心を持っている

ワーク・パートナーは一般事務職と違い、マネジャーの延長線上にある人だ。ＯＡ機器は一応は操作できなければならない。部下が使用している機器がまったくわからないようでは、的確な資料作成を指示できない。経営管理スキルや職務知識など、高度な専門知識は持っていなくても、予算や収支面の動きが理解できなければならない。英語力も当然必要である。少なくとも、勉強しようとする意欲があるのがいい。

⑫品位がある

自然と備わり、自然と外に表われるもの。わざとらしい格好づけなど訓練する必要はない。ちょっとしたしぐさの中に美しさが見られる。

ここに挙げた一二項目は、とりわけハイレベルのものではない。大部分の日本の女性が内在させているものだ。むしろ、キャリアアップ志向の強い人に見られる指導性や統率力など、後天的に育成されるものを求めるほうが至難だといえるし、そのような傾向の著しい女性は、もともとワーク・パートナーには不向きだ。普通の女性たちが潜在素質として持っているもの、それを伸ばしていこう。

ワーク・パートナーシップの基本

相互に気が合うことが、パートナーシップの第一の条件である。公私いずれの面でも、ウマの合わない相手と一緒にいることほど苦痛なことはない。人間関係論などいくら研究してみたところで、イヤな奴はイヤなのだ。仕事は仕事と割り切れというのは無責任きわまりない言い方で、効率面からも健康上の問題からも、大きなマイナス要因となる。ワーク・パートナーシップを組む相手となると、なおさらウマが合うかどうかが重要で、前記の一二項目が問われるのはその上でのことである。

だれにも欠点があり、みんなそれぞれ他人に見せないよう努力しているけれど、どこかでときどきチラリと見えるものだ。ウマの合わない者同士となると、そのチラリの欠点がチラリ程度ではおさまらない。グサリと、相互に傷つけ合う結果になってしまう。マネジャーとアドミニストレーターという車の両輪関係にある限り、協力者として、少なくとも両者が同質の価値観を持ち、尊敬し合えることが最低条件となる。両者の年齢差もあったほうがいい。年齢差によって相互に視点を調整し合えるし、欠点も許容し合える。

ワーク・パートナーの任命手順

①職位の確立
ワーク・パートナーの職位を、専門職として位置づける。給与体系を整備し、専門職手当、語学手当を付加し、一般事務職と区別する。
②ワーク・パートナーの経験年数
五年以上の勤務経験のある者に限定する。即応能力、突発事項の速やかな処理、優先順位の決定などの能力は、体得以外のなにものでもない。本から学ぶ知識もあるが、実践を通して体験したとき、初めて自分のものとなる。ましてや人から教えられて実行できるような受け身的なものではない。
③登録

ワーク・パートナーを必要としているマネジャーと、ワーク・パートナーを希望している女性の双方から参考資料を提出させ、登録をさせておく。

④人事担当者との面接

提出資料に基づいて、人事担当者はパートナーシップを希望する双方にそれぞれ面接を行ない、職務内容を討議する。

⑤クーリングオフ・ピリオドを設定

マネジャーとパートナーは、三か月後に諾否の決定を人事担当者に報告し、その結果いかんによって正式任命を受ける。

普通の女性たちの活躍が期待される

戦後、日本が時計、ラジオに始まる各種の先端技術を築き上げ、工業化に成功し得たのは、優秀な技術者がいたこと、そしてそれを商品化し、市場に送り出した有能な経営者がいたからである。しかし同時に、そのような状況を支えたのは、末端で優秀な作業をし続けた女性たちであったことを忘れてはならない。いま脚光を浴びているひと握りの管理職者のような女性ではなく、ごく普通の人たちだったのである。器用な手先と巧みな技術、繊細な感性で組み立て、工夫した人たちだ。決して恵まれているとはいえない職場環境に耐えて、手作業で事務処理にあたった普通の人たちである。

組織の発展は、当然のことながら「長」だけで成し得るものではないし、男性だけ、女性だけでもできない。これはきわめて当たり前のことである。職場の歴史を塗り変えるのも、トップの女性ではなく、普通の女性たちなのである。

戦後の物資の乏しい時代、女性の目ざめなどまだまだ遠い時期に、私も、いまでは考えられないような重たい手動式英文タイプライターのキーを打ち、大型の図表を作成した。それでもタイプライターは重要な機器だった。電動計算機の太いコードを電源に接続すると、ブーンというすごい音がしたものだ。それでも加減乗除の計算は、筆算よりも便利だと思った。

当時は満たされない時代であったから、頑張ったのかもしれないけれど、いまでも普通の女性の本質は変わっていないことを、折にふれて目にし、耳にする。いまここで、私はそういう普通の女性に焦点を当ててみたかった。

二一世紀、それは技術のいっそうの進歩に伴って、いや反比例してか、人間の本質である心の問題が問われる時代なのである。そのためにこそ、普通の女性の活躍が期待される。

第2章

どこかおかしい今の社会

日本語の乱れが気になる

美しい日本語が消えていくような寂しさを最近になってとくに感じるようになった。日々の生活の中でも、粗雑な言葉使いを耳にすることが多くなっている。

おそらく日本語は世界各国の言語の中で、もっとも多様な表現力を持っているのではないか。例えば、「雨」の表現には、春雨、夕立、時雨、雷雨、大雨、小雨、霧雨……考え出したらキリがない。日本には四季があるため、季節ごとの微妙な変化を味わう鋭利な感性が育まれているからだろう。

そうした言葉と人の対話は手紙の文章などの中に自在に表れていた。著名な文学作品を読んで美しい表現に感動したものだった。

日本語には尊敬語、謙譲語、丁寧語があり、時と場に応じて使い分けるものだが、最近ではその区別ができていないようだ。子どもの頃から祖父母、父母、兄弟姉妹、そして長じてからはお客様、先生、生徒、先輩と、相手に応じて言葉は使い分けてきた。そうした、話す相手に注意を払うという意識が最近では薄れているのが言葉の乱れにつながっているように思える。「見ます」ではなく「拝見いたします」（謙譲語）、「見ますか」ではなく

「ご覧になりますか」（丁寧語）と言えば美しい日本語になる。

基本的な話し言葉も乱れている。例えば、「あっち」→「あちら」、「こっち」→「こちら」、「どっち」→「どちら」、「やります」→「いたします」、「行きます」→「参ります」といった具合。

男性と女性では声の調子に違いがある。これは当然のことで、男は男らしく、女は女らしい声調、表情、態度で会話するのはごく自然なのだ。

ら抜き言葉が市民権を得てきているようだ。最近では若い人に限らず、いい年の大人まで「見れる」「食べれる」と平気で使っている。

レストランでは「お席のほうにご案内します」「ご注文は以上でよろしかったでしょうか？」、コンビニでは「一〇〇〇円からお預かりします」、街角では「このクレープ、全然ヤバイ」など奇妙な日本語もまかり通っている。

なんともはや……。いくら言葉は生き物といっても、正しくないもの、美しくないものは避けてほしい。誤用もみんなが使っていくうちに「正しい使い方」になると言われて世の中納得したようになっているが、不快に感じる言葉は使ってほしくない。明らかに文法的に間違っている表現が正当化されてしまうのは恐ろしい。

すくなくとも相手を見て使い分けるぐらいの気遣いがほしい。

「ありがとうございまあーす」「わかりましたあー」と、言葉の語尾を長くのばすのも気になる。妙な語調は改めるべきだ。

カタカナ語の氾濫も見苦しい。イノベーションとかモチベーションとか、正しいスペリングと正しい意味を知って使っているのか、はなはだ疑問だ。

なぜ日本語に置き換える努力をしないのか。明治の頃、近代化を進めるため西洋の思想や政治・経済に関する言葉が翻訳された。社会、権利、自由といった和製漢語は先人たちの苦心の末に作られ、現在定着している言葉だ。今はなんとなく言葉をもてあそんでいるようにしか思えないのは私だけだろうか。

私は女学校に入ってから初めて英語に接した。英国系のミッションスクールだったから英語の授業はすべて英国人教師だった。発音を習得するために小さなポケット鏡を用意して臨んだ。鏡に向かって唇の形や舌の動かしかたを工夫した。英国人の先生が一人ひとりの口の形を見て回ったのをいまでもはっきりと覚えている。外国語は英語に限らず発音が第一である。読解はできても、正確な発音ができなければ自分の意見を相手には伝えることはできないのだ。外国語は読み書きよりも会話が数倍難しい。カタカナ語で書く英語が当たり前になってしまうと、発音も訓練されていないし、正しいスペリングも言葉の意味も使い方もわからないから、外国人には伝わらない。私たちが使った英語が通じなかった時、書いてみせるだけの英語力があればそれだけでもすばらしい。相手も理解できる。しっかりした日本語があるのに安直にカタカナ英語を使うのはあまりにも幼稚である。

私は高齢になるにつれて、優しい日本語の表現とひびきに心を動かされるようになった。古来から続く日本の言葉は日本独特のやさしさと美しさを表している。

言葉は教養のバロメーターだと私は思っている。言葉にこだわらなくなると思考力は低下していく。美しくない日本語が定着していくことに、「時代は変わるから」と物わかりの良い大人を演ずることはできない。外国語を学ぶ前に、まず日本語をしっかり身につけよう。

幼い子どもに英語を習わせる必要があるのか

今の子どもたちは習い事に忙しい。学習塾、ピアノ、スイミングスクール、それに英語。街の英会話学校は小学生クラスどころか幼児クラスまである。

文部科学省では、正式な教科として公立小学校三、四年生から英語を教えるようにするという。「国際人を育てるため」としているが、ちょっと待てと言いたい。

毎日のように「グローバルな……」「グローバル人材……」という言葉を耳にするようになった。そうした流れの一環としての英語教科化なのだろうが、英語が出来れば国際人になれるわけではない。言葉はコミュニケーションの手段にすぎず、グローバルという言葉の意味もスペリングも正しく知らず、話す内容もそれなりのレベルに達していなければ、国際的な場での役には立たないのだ。外国語を駆使することは並大抵のことではないことをどれほど理解しているのだろうか。

先日も、「五歳で英検二級に合格した少年」という記事を読んだ。英語スクールなどの案内には「小学生のうちに英検五級は合格しよう」といったフレーズがいっぱいだ。

私の身近にいる若い母親たちに「なんで英語を習わせてるの？」と聞いてみた。

「これからの時代、英語ができなければダメでしょう」

「みんな習っているから」

こんな漠然とした動機、みんなが……という横並びの発想で子どもたちに塾通いを強いているとしたら、何ともかわいそうに思えてならない。それよりなにより、正しい教え方ができるのだろうか。

日本語を正しく覚え、その豊かな表現を知るために、多くの文学作品に触れる。小さい頃はそんなことに時間を費やしてほしい。美しい日本語、素晴らしい日本の伝統文化を学び、日本語による論理的思考力を養う。それから英語を習っても遅くはないのだ。私の英語学習はそのようなプロセスを経てきた。日本のこともよく知らない人間が英語を話せたとしても、国際社会の現場ではあまり役に立たないのではないかと私は思う。

ビジネスの世界でも学問の世界でも、英語で勝負できる人はごくわずかだ。私の経験でも、重要な交渉事の際には必ず専門の通訳がついたが、それでも双方を十分満足させるのは容易ではないのだ。英語によるコミュニケーション能力という程度の語学力であれば、幼少期から始める必要はないと思う。

文部科学省に限らず、優秀な官僚・政治家がこんな道理がわからないはずがない。わかっていてなぜこのような政策を押し進めるのか。私には理解できない。

同じようなことが子どもの学力についても言える。ＯＥＣＤ（経済協力開発機構）が進めている学習到達度調査ＰＩＳＡによると、世界七二か国のうち日本は、数学・科学は上位に入っているが、読解力は低下しているという。その原因は明らかだろう。若者が本を読まなくなったからだ。スマホやパソコンをいじっている時間はたっぷりあるのに、新聞や本を読む時間はきわめて少ない。これはかなり深刻な事態ではないのか。論理的な思考を身につける、豊かな感性、情緒力を養う。これは活字を通してこそ学べるものなのだ。グローバルという言葉に惑わされないように。

息苦しさを感じる社会になっていないか？

私の住む町でも、行き交う人々の多くが片手にスマホを持ち、じっと画面を見ながら歩いている。危ないなぁー、ぶつかったらどうするんだろう、とヒヤヒヤしながら見ている。駅にも電車の中にも「歩きスマホはやめましょう」と貼り紙がしてあるが、やめる気配などまったくない。若者だけかと思ったら、いい年をした大人まで同じだ。

それだけ自由に振るまえるのはいいことだという人がいるかもしれないが、それは違うでしょう。マナーというのは、その人の人間性の表れであり、他者への思いやりなのだ。自分だけの世界に陶酔していてよいのだろうか。

二〇二〇年の東京オリンピック誘致の際、「おもてなし」という言葉がクローズアップされた。日本が誇れる伝統的な作法であり、海外からも賞賛されているようだが、この言葉には繊細な感性を伴う「やさしさ」が込められていることがどこまで理解されているのか首をかしげる。

「教師が生徒をなぐった、体罰を加えた」などと大きなニュースになる。暴力がいけないのは言うまでもないが、クレームをつける前に親は子どもに、叱られるようなことをしたのか、問いただしているのだろうか。昔は、先生に頭を小突かれたり教室の後ろに立たされたりしたものだ。子ども自身も身に覚えがあれば受け入れたし、教室で行儀の悪い態度をとれば先生から叱られてしくしく泣いたものだ。それで怒鳴り込む親もいなかった。

こんなことを言うと、批判の嵐にさらされそうだが、いつも「子どもは正しい、教師が悪い」とは限らない。何でも他人だけのせいにする風潮がますます広がり、誰かを悪者にしないと収まらない社会など、とても健全とは思えない。

最近、都市部で幼稚園や保育園が住民の反対で建設中止になるケースが増えているらしい。「騒がしいから」「自分の土地の資産価値が下がるから」というのが理由だそうだ。子どもの声が騒音なのか。町の活気のバロメーターのようなものだと思うのだが、それほど不寛容な人がたくさんいるのだろうか。こんなことでは少子化をとめることなどできそうもない。

企業でも「顧客第一主義」が当たり前になっている。かつて歌手の三波春夫の「お客様は神様です」というフレーズが話題になった。顧客を大事にする企業文化はとても大切だが、価値観が多様化する今、全ての顧客が満足する共通のサービスを提供するのは難しくなっている。Ａさんは満足しても、Ｂさんにとってはクレームの対象になるということもあり、学校ではモンスター・ペアレンツ、病院ではモンスター・ペイシェントが増殖している。行きすぎた顧客第一主義を考え直す必要がある。

と同時に、社会の一員として他者への配慮が欠けている人間をこんなに生み出してしまった原因を考えるべきだ。権利は義務を伴うもの。義務を果たさず権利だけを叫んでいては争いは絶えず、将来は暗い。

私が車の運転を始めた昭和二五、六年頃は女性が運転することが珍しい時代だったので「女《め》ドラ」などと陰口も叩かれたが、町を走ると、ほとんどのドライバーは道を譲ってくれた。譲られた私はバックミラーに向かって手をあげてお礼の気持ちを伝え、優しい人だなと感激したりしたものだった。最近は、遅い車がいると急接近してクラクションを鳴らしたり、無謀な追い越しを仕掛けるなどドライバーのマナーが悪い。

戦後の民主主義を謳歌してきた世代にとって、戦前の日本は全否定すべき時代なのかもしれないが、何もかも一緒くたにしてほしくない。大家族が当たり前だった時代は、親からも祖父母もからしつけられ、いろいろなことを学んできた。隣近所とも濃い付き合いかあった。今の人にとってはうっとうしいだけかもしれないが、こうした人間関係が豊かな人間性形成に役立ったことは間違いない。隣りが何をする人かわからないなんて、どこかおかしいと思う。小泉八雲は旅先で「長屋」という集合家屋を見た。そこで戯れる子どもたちを大人がそれとなく見守る光景を眺めた八雲は「日本は何とやさしい国なのだろう」と感心している。日本の素晴らしいところ、やさしさ、思いやりの心をもっと見直してもよいのではないか。

町の雑踏を見て、そんなことを考える。

第3章

オフィスの風景

相手の立場で考えられるゆとりとは……

「智に働けば角が立つ。情に棹させば流される。意地を通せば窮屈だ。兎角に人の世は住みにくい」

夏目漱石の『草枕』の冒頭の文である。

人と人とのかかわり合いは面倒なもの、何が原因でもつれるのか、どうしたら解決できるのか、本人も周囲も頭をかかえるのは当然だ。Aさんからはこうあるべきだ、Bさんからはこうしてほしい、と言われても頭では理解するが心がついて行かない。

ではどうしたらいいのだろう。人間関係のもつれというのは慢性的な病気のように一旦かかってしまうとなかなか治らない。だから健康なときに時々痛い予防注射をしておく。つまり小さな喧嘩をたくさんして、お互いにチクリと苦しみ、「ごめんなさい」「いいのよ」「ありがとう」と言い合う習慣をつけておくことだ。

どんなにうまくいっている仲間同士でも、ふとしたことから一人が優位に、一人が劣位に立つことがよくある。集団というのはそういうことを起こさせる要因をたくさん持っている。二人の関係は急転直下、冷却する。仲良しの度合いが深いとそれだけ亀裂も深くなる。「人と交わること淡き水のごとく……」という。さらさらと流れる水のように、一か所に溜まらない、その日の厭なことはその日に流す、明日はまた新しいスタートだ。あの人がこうした、こう言った、といつまでも考えていると、その分だけ、したこと、言ったことが重たくなる。

人のミスは見つけても自分のミスは隠したい、嫌いな人には協力したくない。自分だけ残業するのはイヤ……これが人の心というものだ。あまりかわいくない、といつも思っている後輩からミスを指摘されても、「あら、私の間違いね、ごめんなさい」と言える人は素晴らしい。それは自分の仕事に自信がある証拠。手違いを詫びるぐらいそれはど悔しいことではない。他にできることがたくさんあるのだから。

上司が任命した威張り屋のリーダーに喜んで協力できるだろうか。できたらプロ、公私をきちんとわきまえてケジメをつけているのだから。こういう人は、きっと余暇のどこかでうさ晴らしをしているのだろう。

子供を産んだ社員がさっさと帰るのをこころよく見送って、自分は残業できるだろうか。できたら、これも素晴らしい。やがて自分もそうなったら、子供のために早く帰りたいと思うだろうと、自分の未来を描き、立場を変えて考えるだけの心のゆとりがあるのだから。

人間関係、これは洋の東西を問わず、今も昔も変わらない問題、つまり誰にとっても永遠のテーマだ。だからこそ、じっくり考え、じっくり味わいたいものである。

いまが一番と思うことが幸せ

「若者は未来へのユメをたのしみ、年長者は過去の思い出をたのしむ」と人は言う。春、それは季節が移り変わるとき、そしてこの時期、世代が移り変わるのを感じる。先輩達は新入社員を迎える時期になると心がふーっと空白になり、不安になる。いまのままでいいんだろうか……。自分と新入社員を比較してみたくなる。その証拠にふと口に出ることば、「私が新人だった頃……」とか「昔はよかったネ」など。新人の提案に対して「そんなことムリでしょ」とか「できっこないよ」など。新人のみずみずしい感性を抑えこみ、彼らのユメをこわしてしまう。こんなことでは新人も自分も育たない。

新入社員はたしかに新鮮だ。学生生活を終えて初めて社会人になる。未知の将来をユメみている。こんな仕事をしてみたい、こんな人と出会いたい、あんな人になりたい、と希望を抱いている。若者のエネルギーは力強く、創造性に富んでいる。

しかし不安になることはない。先輩には経験者の知恵がある。思慮深さと客観性がある。新人のすることが未熟で、無謀で、危なっかしく思うのもそのせいだ。どこまでが許容できるのか、どこが社会のルールから外れているのかを判断できる。新人と一緒に仕事をしていて、その若々しさに触発され、自分を活性化し、その一方で自分の成長を振り返ることができるのが先輩というもの。

だれでも二、三年勤務していると、カベにぶつかる。マンネリ化する。〈やってもどうせダメ〉という後ろ向きの思考が、〈やってみよう〉という前向き思考よりもずっと多くなる。この傾向が高じたら、もう前進はなくなってしまう。若いときよりも上り坂はたしかに息苦しいけれど、登った後に眺める景色は格別だ。若者のそれよりは、ずーっと感慨深く映じるにちがいない。なぜだろう。モノを見る目と努力の過程が新人のように単純ではないからだ。

いい先輩とはこういう人だろう。どうしたらそうなれる? いまいるこの場、いま仕事をしているこのとき、いま自分を囲んでいるこの環境、このいまがいちばんいい、と思うこと、それだけでいい。

上司にめぐまれない、イヤなヤツがいる、給料が安い、仕事がつまらない、など不愉快なことはたくさんあるけれど、そういうことが見えるようになったのも経験を積んだからこそだ、人を見る目、社会を見る目が養われてきたからだ、そんなふうに自分を育ててきたのは誰のおかげ？　周囲の人たちが自分に与えてくれた刺激にほかならない。そんな貴重な過程を経てきたいまがいちばんいい。

昨日よりも今日、去年よりも今年、若いときよりも年齢を重ねたいま、ホントーにいまがいい。そう思うと、ふしぎに幸せを感じる。幸せになるとニコニコしたくなる、笑顔は人を呼ぶ。仏頂面や泣きっつらには人は集まらない。

古い自分を吹きとばしてしまおう。マユをひそめるような新人のマナーをみても、そのうちなおるだろう、とゆとりを持って考えられるかもしれない。

ホントにいまがいちばんいい。このいまに感謝しよう。

やる気は自分で起こせる

子供の頃、お正月になると、今年こそあれをやってみよう、と気分を新たにする。学生時代に学年や学期が新しくなると、今度こそ頑張ろうと思う。ところが、このやる気、あまり長持ちしないのだ。一年、いや一学期さえ持ちこたえることができない。親や先生からほめられ励まされるとやる気を起こす。そして日が経つとまたもとに戻ってしまう。人間どうやら怠惰に流れやすいようである。

みんなが相互に絶えずほめ合い、励まし合い、責任ある仕事づくりの場を提供し合えるなら、全員いつでもやる気十分、こんな素晴らしいことはない。また、そうあってほしいとは思う。

ところが、現実はそう甘くはないのだ。自分が落ち込んでいるとき、上司や先輩がタイミング良く励ましの言葉をかけてはくれないし、やる気を起こさせようと、工夫してくれるとも限らない。それどころか、彼らはそれぞれ大きな問題を抱えていて、今このとき、一人ひとりの面倒をみていられない、という状態が組織の中でしばしば起こるのである。となると、周囲からの働きかけがないとやる気が起こらないというのでは少々不安である。

やる気は自分で起こす、自分から働きかける、このことを芯にたたき込んでおきたいものである。良い仕事ができたと思ったら、他人がほめてくれなくても自分で充足感がもてる、失敗したら他人からとがめられなくても深く反省し、立ち直ることができる。こんな人でありたい。これはとてもむずかしい注文だが、そうありたいと願う心……理想……これだけは持っていたいと思う。

もうひとつ、どんな成功者でもその人の書いたものを読んでみると、やる気を持ち通した人はいないことが分かる。彼らもまた迷い、動きのとれない状態に悩む時期、立ち直る時期、やる気をもって取り組む時期があったのだ。天才でもなし、不屈の精神の持ち主でもないいごく平凡な私たち、成長したいと願うなら、心の波があるありのままの自分をまず素直に見つめてみよう。そして理想に向かって努力しよう。

職場でいくら努力して仕事をしていても、やる気がどうしても起こらなかったら、頭上に広がる秋の空を仰いでみよう、雲が絶えず形を変えながら悠々と流れていく。夜空に輝く無数の星を眺めてみよう、何万光年の光の美しさに感動する。

仕事からちょっと離れて「心の道草」をしてみよう。殻の中にいた自分に気がつき、新しい力がきっと湧いてくるから。

しっぽが輝けば組織は安泰

有能な管理職者のＭ夫人とＳ嬢のお二人と夕食を共にする光栄を得た。料理は山海の珍味。なかでも尾長エビのから揚げは逸品だった。カリッとしたしっぽの歯ざわりは格別。いいエビほどしっぽがうまいとか、生エビを特別に揚げてもらうとか、鯛焼きは尾できまるとか、話題はもっぱらしっぽ。仲居さんもあきれた様子だ。

私の家での話。

うす茶色ののら猫がお腹を地面にくっつけそうにぶら下げて、ひと声、いやひと鳴きかけるでもなく、開け放しにした玄関口から堂々と猫足であがり、廊下を抜けて新品の八畳だたみを横断して庭に降りるという行動パターンをくりかえしていた。ハハァ生み場所を探しているんだナ、と思って見逃していた。

ある朝、庭を見ると、いる、いる、茂みのかげで四匹がピィピィ鳴いている。オハヨとかオイデなんて声をかけたら突如、例の親猫がヌゥーっと出現、ギラギラ光る目で私をにらみつけた。なんだ、そのツラは！　いままでお屋敷への無断進入を許可してきたんじゃないか。コラッ！と一喝したとたん、グゥーとのどを鳴らすと、垂らしていた長いしっぽをピーンと垂直に立てて私に挑みかかる身構えだ。総毛だったそのしっぽの威力に私は打ちのめされた。

後日このことを猫好きの友人に話したら、猫の怒りはしっぽに出る、と教えられた。あのしっぽはすごかった。象の鼻をもしのぐ威力で、いまにもぶんなぐられそうだった。

しっぽは偉大だ。ちぎれるようにしっぽを振って全身の喜びを表すワン公。イキのいい魚のしっぽ、それは板さんの一撃を頭にくらってもなお人間さまの殺生沙汰にはむかうごとくはねあがる。そしてあの飛行機の尾翼、これなしには安全な運行はもはや不可能だ。尾は威力だ。

組織という企業怪物にも頭と尾がある。つまり長族と一般社員だ。芝居にも頭と尾がある。つまり主役と脇役だ。量的には尾の部分の方が頭の部分よりもずっと多い。頭が多すぎると会社はつぶれ、芝居は成り立たない。

いままでは男社会、ふさわしくない人も男であるが故に頭《かしら》にされた。いまは女も頭になれる。私はホントに頭になりたいのかナ？　地位への単なる憧れか、それとも自分の本質をわきまえてのことか、トクと考えよう。

脇役ひとすじに名芝居、名映画を世に送り出した名優は数多くいる。同じ部署に長年勤務し続けながら、後輩、同僚、そして先輩や上司からも、おかあさん、おとうさんと呼ばれて慕われる社員はたくさんいる。

M夫人もS嬢もアタマだ。アタヾにふさわしい。その一方で、お二人の周囲には幸せな尾役が輝いているにちがいない。そして尾役が輝くかぎり、お家は安泰なのだ。

上下関係を自在に変えられるのがプロ

たいして芝居にくわしい方ではないが、歌舞伎十八番の勧進帳は好きだ。有名な芝居だから物語を述べる必要もないかもしれないが念のため。

兄頼朝に追われて、義経は弁慶とその一行に守られて平泉に落ちて行く。関所をくぐりぬけるために、一行は勧進を目的とした山伏の姿を装っている。安宅の関に来たとき、関守の富樫があやしみ、勧進帳を出して読め、と命令する。弁慶はとっさの機転で白紙の巻物を取り出して読み上げる。からくも危機を脱して進もうとしたとき、最後からついてきた合力《ごうりき》に関守が目をとめる。

「判官義経に似ているぞ！・待て！」

血相を変えた弁慶は、今ふうに言うなら、

「なんだと？　こいつが判官殿に似ていると言うのか！　バカめ！　おまえがまたモタモタしておるからだ、さっさと歩けエ！」

とマアこんなふうに罵倒し、ふんだりけったりの仕打ちを与える。関守富樫は「義経にちがいない」と確信しながらも、弁慶の忠誠心に心打たれて一行を逃がす。

どの場面も秀逸であるが、次の場面がいい。

舞台の下手《しもて》から弁慶を先頭に、傘で顔をかくした義経を最後に、一行が上手《かみて》へと登場する。舞台面に進んだところで、この両者が入れ替わる。ひとことのせりふもなく、そうすることが全く当然のことであるかのように、舞台の中央で両者がすれちがう。下座についた弁慶は伏して非礼をわび、上座についた義経は弁慶の機転をたたえて感謝する。「ついには泣かぬ弁慶も」「判官御手を取り給い」というあの名場面となる。

ところで、ひとつの目的を達成するために、主と仰がれる人が、従の立場になることをいとわず、従なる人にしたがい、従にあるべき人が主となり、主なる人を従え、大きな危機を乗り越える。置かれた状況や相手次第で、主従の関係が自在に変化する。これは日常の仕事の場でもみられる光景だ。

武士の涙を解する関守冨樫にとって、忠誠心あつい弁慶は格好の相手だった。危機が一段落したあと、判官上司はベンケイ君にその卓越した技術をたたえて礼を述べ、部下ベンケイ君は判官上司に、その忍耐強い協力に感謝する。

仕事のプロである女性がソフトなアプローチで、部課長の手に負えない客のクレームを、即座に、あざやかに処理してしまうことがある。上司をさしおいてことをなしとげた部下はいばることもなく、部下に点をとられた上司は顔をつぶされた、とねたむこともない。事件が処理されたことに対して、相互に感謝し、ねぎらい合うところに、役職者とヒラ、男性と女性の人間関係のうまみがあるというものだ。

上司と部下、先輩と後輩、という上下関係は常に組織の中に存在する。この関係を固定化することなく、その上で常に相互に意識し合うなかにチームワークの成功のカギがある。

能力のある人ほど仕事は多いもの

「なぜ私ばかりが忙しいの？」

「なぜ私はいつもつまらない仕事ばかりしなくてはならないの？」

「なぜ部長は私のことばかり叱るの？」

「なぜ○○さんは私にあんなに冷たいの？」

私たちは毎日仕事をしながらこんなことを繰り返し言っている。口に出さなくても心の中で考えている。このような「なぜ」に対して、

「もし私にもう少し暇を与えてくれさえしたら」

「もし私にもっとやりがいのある仕事を与えてくれさえしたら」

「もし部長がもっとやさしい人でありさえしたら」

「もし○○さんがもっと私に親しくさえしてくれたら」

という反応ほど愚かしいことはない。

「なぜ」とか「もし」とつぶやくとき、私たちは自分の仕事の質や取り組み方をしっかり考えているだろうか。単にその場の感情に振り回されていることが意外に多い。

仕事に忙しいときと暇なときがあるのは当然のことで、自分と他人が同じときに同じように忙しくなったり暇になったりすることはない。また仕事の中には、やりがいを感じるものとつまらないものとが混ざり合っているのも当然だ。これは役職についている人でも同じことだ。

私たちは自分が何か不愉快な経験をするのは相手のせいだと考えて、人に責任を負わせてしまう。相手が認めてさえくれたらもっと良い仕事ができるのにとか、相手の人柄が良ければこちらも親しくしてあげるのに、という考え方は、きわめて安易でずるい。

どんな環境に置かれても、まず自分のことを考え直してみたい。何かの欠点があるのかもしれない。足りないところがあるのかもしれない。それを改善し、補っていくのが第一歩。それができて初めて自分を取り巻く環境にしっかりと目を向けることができる。「もし……であれば」という対応からは、向上も改善も望めない。自分の不平や不満は未解決のまま残るだけだ。

忙し過ぎる、と思ったら、次のように考えて、さらに自分を磨いていこう。「能力のある人ほど仕事は多くなる」と。

雑用が多過ぎると思ったら、「雑用も仕事のひとつ、きれいに手早く処理して、次の仕事にかかろう」と。

上司や同僚に不満のある人は、「私にも、人が気に入らない欠点がきっとあるのだろう」と。

職場にはぜったい若さがほしい

帰宅してテレビをつけたら、オリンピック表彰台の上に立つ若者たちのまぶしいほどの笑顔があった。暗い部屋に、急に光が灯ったようだった。いろいろな国の選手たちが金、銀、銅のメダルを仲良く分け合う姿はなんともすがすがしい。日本の選手たちも国を背負って大役を果たした悲壮感などなく、自然ですなおでさわやかだ。

その日、私は友人Ｍ君を訪ねて少々失望して帰ってきたのだ。始終会うわけではないけれど、数十年来の友達だ。男にしては珍しく筆まめで、いい字を書くし、味のある文もたのしめる。白いペラ用紙に黒インクのあのファックスメモで私信なんか送ってくるようなヤボでもないし、年をとっても、エラくなっても、型にはまらない。

でも、その日はちがっていた。Ｍ君を訪ねたのは一年ぶり。とってもたのしみにしていたのに、切れた糸を探し求めるようで、話題も終始チグハグになってしまった。彼は最近とみにエラくなって、東京副都心の高層ビルで、オジイさん役員たちと一緒の執務室に入ってしまった。

直行エレベーターで三十三階、オデコをぶつけそうになるほど磨きあげられたガラス戸の奥が受付。「ご用の方はベルを」の指示。通された応接間が、またまた、スキなく整頓され、壺だの絵画だのの逸品ぞろい。そーっと歩きたくなるようなあの重々しさ、代を重ねたお屋敷の奥座敷に主人がデンとかまえているようなあの感じだ。

そう、すべてが型にはまっていて、どうしようもない。迎えてくれたＭ君のなんと分別くさいこと！　すっかりサマがわりだ。なんとなくしゅんとした気分のまま帰ってきたのである。

べつに恋人じゃないから、どうってことはないけれど、でもオジィさん役員たちの影響ってあるのかナとか、あの古くさーい空間って人の心理を変えるのかナ、などと考えてしまった。

職場にはぜったい若さがほしい。旧世代がいくら組織の若返りをとなえたところでムリというもの。若者のいぶきがなによりのおクスリだ。ともすれば、勝手気ままな若者たち、とオジさんオバさんが眉をひそめる時代、でもゆたかな時代に育った彼らにはそれなりの明るさとくったくのなさがある。常識という名の下にかくれたシキタリにしばられて、型にはまりこんでしまった旧世代が、自由闊達な若者たちのふるまいを羨望に似た心境で眺めることだってある。若者のやることが、未熟さや欠点も含めて新鮮に見えることさえある。

春はピカピカ新入社員が躍動する。ガンバレ！　なんてヤボなことはいわない。ガンバルという表現なんてもともと不似合いな世代だ。ことさら気負うことはない。そのままの自然な姿で、いい仕事をどんどん吸収していこう。せかせか、コチコチ、働き蜂の旧世代はその姿をみて、うーんそうか、ときっとうなずくところがあるはずだから。

新人指導はまず意識革命から

十年ひと昔どころか、いまは一年ひと昔と言われる。私たちの日常生活は、小さいことでは服装や髪形のファッション、言葉遣いから、大きくはものの考え方、価値観に至るまで、目まぐるしく変化する。新人を前にして指導担当者が戸惑うのも当然だ。

アメリカでは「新人即戦力」という考え方は、雇用者、被雇用者双方とも常識とされている。たとえ試用期間であっても会社の一員であることに変わりはない。周囲の人たちは一様に彼らに一人前の人材としての能力を求める。

私が外国人の間で仕事をしていたころ、このことを頭にたたき込まれた。一回ミスをすれば一回目のワーニング（警告）、そして三回ミスをしたら、アウトだ。

この点、日本の企業はかなり甘いように思う。新人のマナーが悪いのもミスをするのも、まだ学生気分が抜けきらないのだと寛容な態度で臨む。新人に甘えがあり即戦力化できないとしたら、この生ぬるい環境にも大いに問題がある。

入社時の新人研修は学生時代とは異なるある種の緊張感を与えることはできる。しかし現場での厳しい実戦的なフォローがなければ、せっかくの刺激も一回きりで終わる。学習を目的とした学生の立場と、働いて報酬を得、責任を担って働く立場の違いからくるケジメを新人の頭に刻み込むこと、これが新人指導の基本である。この「意識革命」を新人たちが自ら感じることができるように助力する。そのために、次の四点をあげたい。

第一に、ＯＪＴ（On-The-Job Training）の重要性。良い仕事をしたら、その場で褒める。問題があるときはその場で注意を喚起する。ミスをしたらその場で叱る。たとえ相手がふくれても。

第二に、感情的にならない。感情的になっていると思ったら、感情がおさまるまで何も言わないのがよい。

第三に、同存し「同導」する。「指導」は一歩前を歩いて、一段高い位置にいて導くことだが、これは利口（？）な新人の場合にはときどき失敗する。自分を新人と同じレベルの年齢、経験、同質の環境においてみると、彼らがものに対してこんな風に対応しこんな風に行動するのかがよく見える。新人といってもそれぞれ個性がある。

第四に、自信をもって接する。新人の主張に押し流されない。私の言うのが無理なのかもしれないと考えないで、これがベストと決めたらそれでしっかりとリードする。そんな先輩を後日新人は頼もしく眺めるものである。

最後にひと言。人を導けるかどうかは、最終的にはその人の人柄にかかっている。

偏知偏能、女知女能

職場の女性をミスとミセスで色分けするような会社がいまだにあるらしい、そんなことをするくらいなら、職場人間全体を次のように分類した方がより実質的だと私は思う。

まずＡ群、大変に有能な人。Ｂ群、普通に仕事ができる人。Ｃ群、ほとんどダメな人。量的にはＢ群が一番多い。ＢプラスからＡ群へ、ＢマイナスからＣ群への移行は個人の努力と職場環境に深くかかわり合いがある。ＡＢＣ群ともに男女差、既婚未婚の差はない。これは長年の私の職場生活から、しかと学びとった結論である。

ある日、全知全能ならぬ偏知偏能の、神様ならぬ人間が、満杯のＢ群の中から一部をＡ群、Ｃ群へ送りこもうと考え、一人ひとりの仕事ぶりを眺めていた。たまたまミスをした一人はスカートをはき、妻というストッキングと母という靴をはいていた。

「うーん、やっぱりそうか」

偏知偏能さんはふかーく頷き、その人に赤いラベルをつけた。彼女はその目印に気をとられ、ミスを繰り返してしまった。

「うーん、またか」

偏知偏能さんは意味ありげに赤ラベルを見つめた。我が家の女房への鬱積した不満が、このミセスに潜在的に作用した自分の心理には気づいていないのである。彼女はB群の中でなんとなく居心地が悪くなり、自らC群へ移ってしまった。

そんなある日、偏知偏能さんは、ズボンをはいて夫というネクタイをしめ、父という靴をはいた人がミスをしたのを見つけた。

「うんそうか、将来もあろうことだし」

偏知偏能さんは目をつむった。会社人間の自分の将来を、無意識に彼に投影させたことには気づいていないのである。

B群男性族は、仲間の一人がマークされかかったことを知ると、素早く一致団結、彼の周囲に垣根をめぐらし、守備体制を作った。もはや彼のミスは偏知偏能さんには見えなくなった。

たまたまBプラス級の女性、家庭と仕事を両立させ、全知全能の神様なら必ずA群に入れるはずの女性が、この不公平な垣根を取り除こうとしたが、垣根は高くなるばかり。偏知偏能さんは、ある日この女性に「やり手」という黄色い警戒ラベルをつけてしまった。

Ｂ群女性群は、この勇敢な女性をジャンヌダークのように尊敬する代わりに、ああはなりたくない、とうつむいてしまったのである。かくして赤、黄ラベルの女性はともにＡ群に行くことができなかった。

女性が本領を発揮して活躍するためには、本人の努力とそれを支える周囲の思慮深い協力が必要なのである。結婚していようといまいと、子供がいようといまいと、女の質に変わりはない。

私たちは神様ではないので、全知全能の光であまねく照らす、などということはできないが、せめて女知女能の明るい光で偏知偏能さんを開眼させ、男性と競存ならぬ共存をしながら仕事をしたいものである。

機械に向かってひとりごと、これって進歩？

職場でひとりごとを言う人をよく見かける。頭がおかしいのかナ、と思ったりするが、そうではないらしい。

みんなが一台ずつコンピュータに向かって整列してキーをたたいている。ひとりが「アレ、おかしいナ」とか「ヘンだナァ」なんて言っても誰も応答しない。みんながそれぞれ自分の担当の仕事をしている。人間サマからの反応が全くないから彼らは機械に向かって話しかける。彼らのつぶやきは宙に浮いている。部門によっては部屋の一隅にOA機器があり使用する人はそこへ移動する。機械の前に座って「さア始めよう」なんて元気のいい声を出しても周囲には誰もいないから当然返事はない。壁に向かってこちらもひとりごと。

昔の職場とはずいぶん違う風景だ。当時は部課長が中央に、縦長の机の両側にはヒラが向き合って座っていた。ダイヤル・インで一人一台の電話機どころか、中央にある一台の電話をみんなが共有した。「あ、まちがえた！」と叫べば「どうした？」と答えが返ってきたものだ。「困ったナアー」と吐息をつけば、周囲の人がなんとなく顔を上げて注意を向けたものだ。そういう職場は他人からの干渉がありすぎて確かに効率は上がらなかった。その一面、喜怒哀楽は共有できたし、いたわり合いもあった。

職場の風景はいまはガラリと変わった。むだはなくなり、効率は上がったけれど、何か言っても誰も答えてくれない職場はやはり少し淋しい。と言ってもこの傾向は年毎に加速するだろう。

テレビゲームとファミコンで育ち、コンピュータ教室で先生不在の教育を受けた子供たち、声をかけ合ってグループで遊ぶことを知らないいわゆるオタク族だ。ひとりでテレビを見ながら、個食したこの世代が職場の中核を占めるようになった。人間さまのなまの声や反応をはじめから期待しないから、壁や機器に向かってひとりでボソボソつぶやくのも全く自然になるのかもしれない。いや、これとても転換期の現象で、人はひたすら無口になるにちがいない。いや、もうなっている。

かつて電話機に向かって「どうも、どうも」としきりと頭を下げている人をみかけたものだ。そしておかしな人だナ、と思った。いまは誰もいないところでひとりで何やらつぶやいている人が増えてきた。

そう言えば、先日私の後からひとりでうれしそうに喋ったり笑ったりしながら電車に乗り込んできた青年がいた。新入社員らしく、おろしたての背広を着ていた。「うん、いいさ、いま電車の中、今夜だね、うふふ、うん」という具合のひとりごと、と思ったら手に小さな携帯電話をにぎりしめていた、周囲の客がみんな変な目でこの青年を見ていた。ドアの片隅に寄りかかり、かなり長いこと喋りながら自分だけの世界を作っていた。こんな人間も年々増えてきた。そして近頃は、誰もこの種の人間やその行動をヘンだとは思わなくなった。声を出さなくても一本の指でボタンやキーを押して画面を操りながら語り合える時代。これを文明の進歩というか、人間性の退化というべきか……。

マニュアル人間は退屈だ

応接室で担当者がみえるのを待っていると、ドアをノックして社員がお茶を運んできた。まず入り口で敬礼、サイドテーブルで茶器を調えると、右上に高く盆を捧げ持ち私のいる中央に進み、そこで敬礼、茶器を私の前に置く。ことばは「失礼いたします」と「どうぞ」だけ。「私そんなにエラクないんデス！」と叫びたい衝動にかられる。

どこが悪いって……。いや、悪いどころか、満点だ。教科書どおり、マニュアルどおりだ。それだからなんともやりきれない。職場でお茶を出すのにそれほど大げさに振るまうことはない。出す側もそれほど恐れ入ることでもないし、出される側も威張ることでもない。できればお茶のソフトな緑の色とほのかな香りをたのしみながら、ひとこと、ふたこと、ことばもかわしてみたい。

私がマニュアルなるものに初めて接したのは、日本がまだ米軍占領下の頃である。会社ではアメリカ人が実権を握っていた。なにかあるとすぐに「マニュアルには何と書いてあるか」と言われた。ハードカバーのルーズリーフに綴じこまれたぶ厚いマニュアルから該当科目を探して読んだものだ。マニュアルどおりに処理すればまず失敗はない。

このマニュアル化はその後、日本の企業や団体の経営管理、研修部門へと急速に浸透していった。いまでは人間の動作に至るまでマニュアル化した。だいたい職場でお茶を供するなんていうのは欧米の商慣習ではない。それをマニュアル化するのはまずムリだ。職場でのお茶出しが大奥の女性のしぐさのようだったら超近代的なビルの一隅の応接室にはまさにミスマッチそのものだ。

海が見たくて四日間湘南のホテルで夏休みを過ごしたときのこと。チェックイン時のフロントクラークのしぐさやことばづかいはA君もB君もC君もみんな同じ。廊下で出会う従業員は一歩下がって黙礼、朝なら「お早うございます」。うっかりマナーのミスなんてない。二日め、同じ従業員に出会っても同じ態度と挨拶だけ。退屈する。三日めもやはり同じ。少々イヤミな感じがしてくるからふしぎだ。

三日めの朝、ふとしたきっかけで親しくなった女性課長さんが「果物が足りないんじゃないかと思って」と桃を二個届けてくださった。

「これホテルから？」

「いえ、うちで頂いたので」

花柄の絵のついたナイフがかわいいお皿にのっている。

「これホテルから？」

「いいえ、娘がそろえてくれて」

「そうなの？」

私はとっても嬉しかった。このホテルの山盛りの超一流料理よりも、落ち度のないサービスよりも、この課長さんの笑顔、桃の新鮮な味、かわいい食器、そしてまだ見ぬ娘さんの愛らしいしぐさが目に見えるようだった。このような個人的なサービスはマニュアルにはもちろんないだろう。

それにしても、マニュアル人間は退屈だ。研修担当の友人は、「基本は基本、教えなくてはダメ」と言う。でも、でも……マニュアル・プラスアルファーか、マニュアル・マイナスアルファーか、それとも、中堅社員ともなれば、マニュアルぶっこわしもときには新鮮かも。あの灰色のＯＡ機器と低周波のけだるい音に囲まれているからこそ、私たち人間は脱マニュアルでありたい。

ゆめを持てる雰囲気づくりを

「恋人や夫が浮気をしたら知らないでいる方がいいですか、それとも真実を知っていた方がいいですか」

つまり、知らない幸福と知る不幸のどちらを選ぶか、ということだ。どちらかと言えば若い頃の私は知る不幸を選んだものだ。知る不幸の中から努力して真の幸せを得たいとケナゲに考えたものだ。

時代は急速に進歩し、情報は街にあふれ、いまは知らない幸福を求めることがきわめて困難になってしまった。恋人や夫の不倫（いや、このコトバもすでに死語とか）は別ワクとしても、知らない幸せは遠いことになってしまった。

雪の季節、雪国の方はさぞ苦労の多い不便な生活をされていることだろう。東京では年に一、二回しか雪は降らない。私は雪が好きだ。「雪の降る街を」（作詞内村直也）という歌がある。「遠い国からおちてくる……」というあの一節が特にいい。灰色のあの暗い空からどうしてこんな美しい雪が舞い落ちてくるんだろう。大都市に雪が降ると、騒音はとだえ急に静寂になり、汚れた街が白一色におおわれる。雪の降る気象状況はみんなわかっていても、でも、「遠い国からおちてくる……」その遠い国にゆめをはせる。

いまは知る不幸というよりは、知ってしまうきびしさがある。女性の職業が多様化して、さまざまの活躍ぶりがマスコミで報じられる。女性が少なかった職域でも、そこでの輝かしい女性の存在がクローズアップされる。

私はこのままでいいのか、私だってあの人たちのようになれる、と軽く錯覚して、迷う、悩む、落ちこむ、選択を迫られる。マスコミが報じるのは明るい面だけで、ホントはたくさんのかくれた苦労がかげにあるのにそれは伝えていない。

妊娠時に胎児の性別や正常異常の判別もできるようになってしまった。知るべきか、知らずにいるべきか、迷う、悩む、そして知ってしまったあとの苦しいきびしい選択が待っている。未知の世界にかけるゆめはない。

知る不幸の中から努力して真の幸福をつかむということは、一時代前よりずっと大きな責任を伴うことになってしまったし、知らない幸せの中でゆめを育むこともなくなった。

近頃は知らせることだけに力を入れるような傾向が加速され、知ってしまったあとの心の問題がおきざりにされてしまっているように思えてならない。

情報という大きな波のおしよせてくる中で、足をすくわれないようなほんとうの自分をいつも見つめなおしていきたい。白分のことがほんとうにわかると綺麗なゆめが持てる。欲に汚れていないゆめだ。新入社員が将来にゆめを持てるようなそんな雰囲気づくりをするのも、ゆめのある先輩の役割だ。

すでに、人間という怪物が降りてしまった月、でも夜空に冴える月を眺めながら詩心を持つような人たち、〝月の沙漠をはるばると二人並んで行きました……〟と幼い頃の歌を口ずさみながら雪の降りしきる街を眺め、とおーい、とおーい国をゆめみる人たちがいてはじめて、やさしい職場環境もそして地球環境も生まれてくるのだろう。

ほんもののプロの感性とは……

海外出張に出かける前に銀行の残高を調べたいと思い、取引銀行を訪ねた。長いおつきあいに甘えて奥の小部屋を拝借した。

担当行員がコンピュータから数秒でプリントアウトした私の残高明細書を持って来た。そして一枚のメモ用紙を置く程度の軽いしぐさで、それを机上に置いて立ち去った。私の残高が少額だから軽く扱った、というわけではない。どんな高額の預金をしている客に対しても、この人はこんなふうに一枚の紙片を指先にぶら下げて無造作に机上に置くのだろう。

毎日コンピュータのスクリーンと向かい合って、黒い画面に表示される文字と数字を見ているのが日常の仕事になっている行員のごく当たり前の行動なのだ、と思いながらも、私にはこの行員のしぐさがひどく大それてみえた。この人は私が席をはずしていてもこんなふうにこの紙片を置いたまま立ち去るのだろうかとか、もしこれを私が机上に置き忘れたまま立ち去ったら誰かが保管してくれるのだろうか、それとも次の客が入ってくるまで置きっぱなしにしてしまうのかなどと考えながら、私はそれをなくさないように大切にハンドバッグにおさめた。

銀行員にとっては、個人の預金高は業務上の数字の羅列であり、プリントアウトされた書類はその記録の一紙片にすぎない。だから無造作に取り扱えるのだろう。一方、客にとってはその書類はまさしく生きている数字の記録なのだ。長い間に積み重ねた金額の記録であり、銀行のすすめでときには特殊な商品に置き換えたりもした苦心の蓄積、つまり個人の血の通う数字の記録なのだ。日常的な業務の数字として眺める行員と、生きた自分の数字として眺める客とでは、その視点には大きな食い違いがあるのだ。

この種の食い違いはどんな職業にもあるのだろう。たとえば医者と患者。患者にとっては病気の症状は自分にとってのはじめての体験だから驚きであり恐怖でもあるけれど、医者にとっては何百万、何千万の同じ症例のひとつにしかすぎない。患者の訴えをじっくり聞いてくれる医者は意外に少ない。だから心の通う医者を患者は求めるのだ。

数十年前にはじめて留学生としてアメリカに行き、大陸横断の列車に乗ったとき、アメリカの大きさに驚いたが、その後仕事で出張することが重なるにつれてごく当たり前の常識になり、感性を刺激する驚きはもはやなくなった。そのかわりに膨大な量の情報に裏づけられたきわめて常套的な視点でしかものをとらえることができなくなってしまった。

はじめて中国に行ったとき空港で出会った、少年のような純な表情をした公安局員、混雑した列車の駅で家族を迎えに群がる人たちの熱い眼、鉄道沿線を一面に黄色く染めた菜の花畑は、政治・社会の取材活動を重ねている一般の記者たちにとっては、もはや視点にとまるほどの価値がないのと同じなのだ。

仕事に慣れると、その道のプロになりプロ的な視点を持つようになるけれど、その一方生きた人間の血と涙のある感性をなくしているのに気がつかないことが多い。どの分野のプロになっても、はじめてひとつの状況に出会ったときの新鮮な感動、視点の処女性とでもいうべきものを、どこかに持ち続けている人はやはりほんもののプロだと思う。そういう人には何回も逢って話が聞きたいと思う。

第４章

自分を磨く

しぐさの品位

しぐさ（仕種）とは、何かをするときの表情や動作のことを言う。日常生活が便利になると、何かをするときの思い入れがその分だけなくなるから、表情や動作がどうしても雑になってしまう。

雨が降る季節、電車を降りると、駅の構内の人込みの中でみんな思い思いの方角に自分の傘を向けてパチン、パチンと広げて頭上に持ち上げる。すごい勢いであちこちでいっせいに傘が開く。荷物を持っていても、あいている方の片手でワンタッチで操作ができるから便利このうえない。水しぶきをかけられる方はいい迷惑だけれど、これもお互いさまだ。ワンタッチのない頃は、傘は下の方に向けて、片ひざを曲げるように腰をちょっとかがめ、周囲の人を気づかいながら両手で控えめに広げたものだ。その仕種はキレイだった。男の人でも、いまのように傘を天に向けてパチンなんてやらなかった。ていねいに広げた傘だからこそ、傘を持っていない人に後ろから「どうぞ」と声をかけてもさまになったし、相合傘のロマンもあった。門まで送ったり、送られたりして傘をつぼめながら「さよなら」「ありがとう」と挨拶する。この人とまたどこかで会えるかしら、という思いを残して。

いまの傘は閉じるとき力が足りないと、またはねかえってバンと広がってしまう。閉じるか開けるかの二者択一だ。傘をつぼめるという表現も似合わなくなり、そんなやさしい仕種もなくなった。

そう、昔の傘はやさしかった。もうひとつ昔の蛇の目傘なんてホントに愛らしかった。色模様の油紙にはじける雨の音、しっとりしめる竹のほね、夏の夕立の後など雲間から急に射してくる明るい光に、油紙の模様が鮮やかに浮き上がった。「雨々降れ降れ、母さんが、蛇の目でお迎え、嬉しいナ」なんていう童謡もあったっけ。

ワンタッチには詩もないし、歌もない。ひたすら便利なだけ。とは言うものの、やっぱり便利なのはいい。ついつい、傘立てからワンタッチの方を選んで持っていく。でも、ほんとは心のどこかで、傘を両手で広げるくらいのゆとりのあるキレイな仕種がしてみたい、と感じてもいるのだ。

生活が便利になると、どうしても仕種が雑になる。そしていつの間にか雑な仕種が身についてしまう。仕種は日常生活をそのまま表現してしまうのだ。いくらマナー教育を受けても、教えられたとおりにできるのはマナーを意識しなければならない場所にいるときだけなのだ。仕種として身につくまでになっていないのだからしかたがない。

電車の中やレストランなどで、ときどき、品のいいおじいちゃんやおばあちゃんを見かけることがある。この品位はどこから出てくるんだろう、と思って眺めていると、腰かけるとき、注文するとき、ものを頼むときなどの小さな仕種がどことなくちがうのに気づく。この年齢の方々が暮らしてきた時代の日常生活はいまのように便利でもなかったし、モノが余ってもいなかったから、何かをするときの思い入れがいまよりずっと深かったのだ。何かをするときの表情や動作、つまり仕種、がていねいなのだ。

こんな人をみかけたら、ちょっと自分たちの仕種と比べてみよう。いまの生活の雑な部分がきっと見えてくるから。

気配を感じる静寂さがなくなっている

往年のフランス名映画によくあるシーン。主人公の女がうつむいてなにかしている。少し離れたところから男がじーっと見つめている。女は男の視線の気配を感じて顔をあげる。男と女は一瞬見つめ合う。この沈黙の一瞬が二人の恋の始まりとなる。名優演じるその沈黙の名演技はためいきが出るほどステキだった。私の恋の始まりもかくあたりし、と願ってン十年、遂にそれは実現しなかった。

この沈黙のなかでの気配の感知は日常生活の些細な面でもよく経験したものだった、とつい過去形で表現したくなるのも、いまはこの種の経験が全くなくなったからである。ビルの谷間はもちろん、住宅街の細い道まで車やバイクが猛進してくるから、そよぐ風や花のかおりに春の気配を感じるデリカシーが摩滅してしまった。

気配を感じる静寂さがいまはまずない。マンションや、軒先がぶつかり合う隣り合わせの環境では、遠くから聞こえてくる足音で、○子か○雄が帰ってくる気配を感じる、なんていうのもまず無理だ。そんなことは気にしなくても、どうせチャイムが鳴るからいい。このチャイムも、ときにはテレビの音で消されてしまう。いや、ほんとうのところ、電話もベルも不要なのだ。すでにスマホで知らせてあるし、この時間どうせ家には誰もいない、自分でカギを開けて入ればいい……。

その上、情報というあの怪物が静寂をけ飛ばして荒らしまわる。ありとあらゆるメディアが、気配に先がけて映像と音と文字を使って秒きざみで地球をかけめぐり喋りまくる。だらしなく寝そべっていても、リモコンにちょっとさわれば知りたいことも知りたくないことも目から耳から乱入するんだから気配電波の感知は鈍化するばかりだ。

この鈍化が進むとおそろしいことになる。すぐれた文明のなかで進化したはずの人間が退化してしまうのだから。

たとえば原始昆虫のゴキブリ君。あ、いたナ、よォーし！　と私がかまえたその瞬間、スッと身をかくしてしまう。ぶったたかれるナ、クスリをぶっかけられるナ、と気配を感じるらしい。ところで人間さまはどうだろう。

街を歩いていると最近よく人にぶつかりそうになる。前方から来る人、横を歩いている人がどんな動きをするのか気配がキャッチできない。これが車道になると、ことは重大だ。私が車の運転を始めた頃は、台数はもちろんいまほどではないにしても、無謀な事故は少なかった。相手は無機質の四角い箱なのにどう動くかの気配電波が容易に感知できたものだ。急いでいるナ、前に出たがっているナ、子供を乗せてるナ、そしてゆずり合った。ゆずってくれた人とバックミラーで目を合わせながら片手をあげて謝意を表したものだった。

時代劇に出てくる侍と忍者はなおスゴイ。奥座敷で侍どもが密談をしている。急にひとりが黙して身構える。人の気配を感知する、黒装束の忍者がひらりと天井から飛びおりる、気づかれた、と感知する、両者の電波がその一瞬ぶつかってパチッと火を放つ。張りつめた電波の感知が最高だ。

客相手の仕事をする人たちは、この気配電波の感知に大いに学びたい。相手がいまなにをしてほしいのかをすばやくキャッチするために。

ゆっくり、ぼんやりのすすめ

近頃みんなほんとうに忙しそう。「どう？　忙しい？」が挨拶がわり。仕事で忙しい人、休暇のプランづくりで走りまわる人、余暇のカルチャーセンター通い、検査、検査でベルトコンベアに乗せられたような人間ドック生活、長期旅行ともなれば休日前後の仕事の山、用事があって電話をしても、早々に切ったり切られたり。

「狭い日本、そんなに急いで何処へ行く」という標語をひと昔前にはよく見かけたけれど、「きまった一生、そんなに急いで何ができるの」と自分に問いかける。というのも私もこの愚かな……忙しいのは賢いとは思えない……一人なのだから。

深山の紅葉がどうしても見たくなり、アルペンルートに挑戦。トロッコ、バス、ケーブル、ロープウェイと乗りつぐ。

「あ、キレイ！」と感嘆しているうちに、もう次の乗り物。印象に残ったのは、恋い焦がれた紅葉ではなくて、高原ホテルの周辺で長いこと一人でぼんやり眺めた夕暮れの山の雪景色と夜空に冴える無数の星だった。

それから二、三日して偶然東京で、神宮外苑の銀杏並木を通った。小春日和の午後、並木の根もとをおおいつくした落葉が午後の斜光に輝いてまるで黄金の絨毯をしきつめたよう。黒い枝を鮮やかに飾る黄色い葉のきざみの間からは蒼い空がきれぎれに見えた。

「この秋、いちばんだワ」

誰もいないのに思わず声に出してしまったほど。その時私の頭はからっぽ。仕事も時間も忘れていた。

心がせかせかしていると美しい季節の景観さえ受け入れる余裕がない。禅の坊さんのように、心を空にして自然と人に接するなんてとてもできないけれど、せめて、いっときテンポをゆるめてぼんやりしてみたら、いままで見えなかった人の心の喜びと愁いが見えてくるだろう。

忙は心が亡びると書く。みんなの心が亡びてしまったら誰も幸せにはなれないのだから。

自然に身につくマナーとは

友人のS講師が、ある国際博で接客にあたる若い女性たちを対象に、マナー研修を担当された。以下は彼女から聞いた話である

受講生が百数人という大人数なので、S講師は数人のベテラン講師を、十数人の若手のインストラクターが援助するという形態にして三日間の集中研修を行った。おじぎのしかた、挨拶のしかた、言葉づかい、気くばり、笑顔、動作研究と、新人社員研修なみのカリキュラムだったが、はなやかな仕事を目前にした受講生たちは大変に熱心で、S講師は大いに満足して全プログラムを終了した。

ところがそのあと、思いがけないところでS講師はひどく失望してしまったのだ。それは最終日の夕食会でのこと。会場は和室の広間で、床の間を背にして講師席が設けられ、コの字形に全受講生が着席するよう準備されていた。

S講師は定刻時に会場に入ったが驚いたことに、アシスタントをつとめた若手インストラクターが床の間を背にして、正面から左右にむけてひとかたまりとなり大声でおしゃべ

りに興じていたのだ。数少ないベテラン講師たちは、はじっこに遠慮がちに座っていた。Ｓ講師が空席がないかと辺りを見廻していてもだれも気づかない。そのうち一人がふりむくと、「あら先生、席がないんですか？」というひとこと。これが今まで教室でマナーを教えていた、あの行儀のよいはずのインストラクターなのかと唖然としてしまった。教室という囲いの中だけのレッスンであったのだ。

この話を聞いて、私はある経験を思い出していた。羽田空港カウンターでチェックイン手続きを待っていたときのこと。ようやく自分の番になり、思わず持ち上げたラゲジの重みで足がよろめいた、と思った瞬間、後部から一人の外国人が走り出て、すばやくラゲジを持ちあげてくれた。さりげない笑顔で私の礼に答えると列の後部に戻った。そこには夫人と子供が二人いた。私のすぐ後ろには屈強な日本人の男女が数人並んでいたのだ。

この外国人にとっては、このようなマナー……というよりは人への配慮の形というべきか……がすっかり身についてしまっていて、反射的に、ごく自然に行動に出てしまう。こういうときにはこうするべきという理屈を遙かに超えている。彼の子供たちは成人したとき、知らない人にでも、外国人にでも、パパがしたようにするだろう。マナーはスキル（技術）でもないしノウ・ハウ（やり方）でもない。長い間の積み重ねの中で、次第に心の姿勢が整えられる。マナーは理屈を超える、そのとき自然な形になって表われる。

子は親の後姿をみて、後輩は先輩の、生徒は先生の後姿をみて育つ、と昔の人はよく言った。

マナー研修は、教える側も教わる側もまだまだ枠の中でしかないのだろうか。

挨拶のない一日のわびしさ

ある日、同僚が私に言った。

「パソコンっていいですね。指示どおりに働いてくれるし、それにいくら働かしても文句は言わないし」

「うん、そうだ、そうだ」と相づちは打ったものの、なんとなく考えさせられた。

人間相手に仕事をするよりも機械相手に仕事をしている時間の方がずっと多くなった。パソコンに向かっていると、人間はどうも支配的になるらしい。記憶させる、印刷させる、訂正させる、もう一回やらせるという意識がモーレツに強くなる。これはモノゴトが自分中心に動いている、という意識につながる。これが習慣化すると、日常生活で人と接していても、人の気持ちを思いやる配慮ができない人間になってしまう。挨拶をしないのは他人をというのも、近頃は当たり前の挨拶をしない人が増えている。

意識していないことだ。

朝の通勤時、三列乗車は守っても車内に押しこまれれば、踏んだり、蹴ったりは当たり前のこと。「ア、イタイ！」と大声で叫んだときにしか「すみません」「ごめんなさい」の声はまずきこえない。出口が混んでいる、「ちょっと通してください」と、まともな挨拶をしても出られない。蹴ったり、つきとばしたりの無言の暴力（？）に訴える方がコトが可能になるという現象はおそろしい。

出勤時の街はみんなが急いでいる。私のまんまえを顔をひきつらせて人が横切る。こちらが停止しなければ激突だ。かろうじて逃れても、かついだバッグやリュックのあおりを顔面にまともに受ける。自分の体だけが安全ならいい、という行動は、電車やエレベーターにはさまれた荷物が引き起こす事故につながる。おそろしい。

朝の職場、顔を合わせても「お早うございます」と言う人が少なくなった。相手を見て、笑顔で、あかるい声で、元気よく……こんなことはホントに当たり前の習慣であったはずなのに、どうして近頃はしないんだろう。机上の書類から目を離さず、背中こしにくらァーい声で「お早う」、かろうじて顔を合わせてもブスーッとした表情、「口なんか聞きたくないんです」と平気で言う人もいるとか。「お早う」「あ、お早う」と声をかわし合ったあの明るい朝はどこへいってしまったのか。今日、この朝、生を受けてまたみんなに会える、その喜びの挨拶のない一日の始まりはなんともわびしい。

テレビやパソコンが普及して家族の団欒《だんらん》や対話がなくなった、と言われて久しい。さらにインターネットによるコミュニケーションが当たり前の時代になった。機器が占領する職場では、挨拶が消え、配慮が消えようとしている。人間関係論をとなえたところで、不毛の地にタネをまくようなものだ。要は私たちの心を肥沃なうるおいのある地にしていくことが大切だ。

「礼節の国、ニッポン」で名をなした古き良き時代のいい習慣を取り戻そう。

分相応のたのしみ

家を修理したときのこと。半世紀を経たオンボロ家だからあちこちガタガタし始め、改築、いや新築同様の大工事になってしまった。こんなことなら初めから建て直した方がよかったのに、と実にごもっともな職人さんたちの苦情を聞きながらも、長いこと住んだこの家が、さまざまの思い出ごとごっそり取りこわされるなんて身を切られるほどつらいこと、とてもする気にはなれなかった。

とはいえ、部分的にはやむなく新しいモノと取りかえることとなり、そのたび不相応なゼイタクじゃないかナ、と考えさせられたものだ。と言うのも最近の製品はボタンの羅列で、ちょっとさわればあらゆる機能が可能になる。

たとえばトイレ、我が家の昔ながらの便座はウールのパンツみたいなものをはかせればそれだけで暖かい。それでこと足りていたのが、新品となると温水、温熱、水圧調整、ビデ、おしり洗浄！　こんなものイラナイ！　と言うと、「一回使ってごらんなさい、気分のいいもんですよ」という返事。

だいたいおしりだのおへそだのなんて、日常、人さまの前でそうやたらに口にするべき表現ではない、という古き良き時代（？）に育ったのだから、青色でデカデカと書かれた「おしり」なんていう表示は、見ただけでうんざりしてしまう。

浴室だってそうだ。温度調整、給湯時間設定、予約、一定温度を保たせる殿様という標示とか、用があったらママを呼べるママコールとか。冗談じゃない、お風呂ぐらいで殿様とはナンだ、だいたい表現が古くさいじゃないの！　それに私なんか、呼ぶママもいないし、呼んでくれる子供もいないのに。こんなものイラナイ！　と言ってもやはり同じ返事。

「いちど使ってごらんなさい、気分のいいもんですよ」

私は言った、分相応でいいの、と。

分相応、それは収入、年齢、健康などを含めた私個人の分相応もさることながら、日本というこの国、金持ちだの、先端技術だのといばったところで、おおかたの資源をよそのお国に依存している状態を考えれば、日本人のひとりとしての分相応はおのずと決まる。

さらに、この超便利な機器を製造、消費、破棄する段階で地球上に放出する有害物質を考えた。すでに数十年も昔のことになるが、ビニールやプラスチックの製品が日常生活に使われるようになった頃、この製品が汚れたり壊れたりしたらどうやって廃棄するのか、こまかくちぎることも燃やすこともできない、ゴミ箱に放りだした後どう処分されるのか考えていたのを思い出す。地球上に住む人間のひとりとしての常識があるはずだ。

というわけで、私はほどほどの我が家で、今はもう亡くなってしまった家族との暖かい団欒を思い出しながら分相応の生活をたのしんでいる。

考えてみると、自分も含めて、なにげない日常生活の中で、なんと多くの非常識、分不相応なことをしていることか。不要なモノの衝動買い、トイレの水の流し過ぎ、なくてもすむ書類の作成、むだなコピーのとりすぎ、などなど、ホントに数えあげればキリがない。

野に咲く花々の謙虚で清楚な姿に学びながら、常識的で分相応の生活をしていこう。

「中くらい」の美味

「めでたさも中くらいなりおらが春」

俳人、小林一茶の詠んだ句である。めでたさに限らず、なにごとにも「中くらい」がいい味だ。

毎日たのしさいっぱいだと、そのあとにくることとの落差がはげしくなる。職場もそうだ。いいことがあったりイヤなことがあったりでちょうどいい。人間だってそうだ。頭が良すぎると問題をおこしやすいし、そうかといってバカでは困る。完璧すぎてはうまみがないし、そうかといって不完全では話にならない。「中くらい」の人が人間関係でも摩擦をおこさないし、長く人から慕われる。

ところで、この「中くらい」を保つことはなかなか難しい。人からほめられたりするとすっかりいい気分になって、はしゃぎすぎる。けなされると滅入ってしまう。「長」と肩書きがつく職位につくと、部下からいつも見上げられるので、実際よりもエラくなったように思う。

「中くらい」というのは日常生活のさまざまな面でも言える。お風呂の温度は熱すぎずぬるすぎずがいちばんいい気分だし、味は辛すぎず甘すぎずが最高だ。

近頃出廻っている文房具や生活用品には、やたらに工夫がこらされていて、すっきりしない。ＩＴ機器に至っては、あきらかにやりすぎだ。こういう至れりつくせりの操作を創り出した人は、ユーザー側の満足度を考えて、と言うよりは、自分のアイディアの実現への満足度の方がずっと大きいんじゃないかナと思ったりする。ひとつ考えつくとまたひとつと、次から次へと新しい機能を思いつき実現したくなるのだろう。機能の魔性にとりつかれてしまっているのかもしれない。

職場で夢中で図表や統計表などを作成している人たちをみると、この人たちも画像の魔性に酔いしれているようにみえる。出来上がったものはたしかに整然としてすばらしいけれど、別にここまでしなくても十分用は足りる。マニュアルを読み操作を習得するまでの時間、使用する用紙、消費するエネルギーを考えると、必ずしも効率的とも言えない。

つまりやりすぎなのだ。「中くらい」の域を超えてしまっているのだ。

どことなくファジーな雰囲気は味がある

アメリカの友人が日本に来て生活するようになった。日本語に不自由がないにしても、あの広大な環境からこのせま苦しい日本に来たのだからさぞ住みにくかろうと思う。しかし彼女にとってはスペースの問題よりも、もっとわずらわしいことがあるのだ。

三か月から半年と月日が経ち、向こう三軒両隣りの住人や駅前商店街のおじさん、おばさん達とも親しくなった。それはそれでとてもいいことなんだけれど、そのために思いがけない面倒なことが生じた。

朝、彼女が駅へ向かう途中、顔みしりの人によく出会う。

「お早う、どちらへお出かけで？」

「はい会社に行きます」

「そうですか」

と相手はにっこり。夕方また近所の人に出会う。

「こんばんは、どちらへお出かけで？」

「はい日本語学校へ行きます」「いってらっしゃい」

そして駅前でこんどは八百屋のおじさんが声をかける。

「おや、どちらまで？」

「はい学校に行きます」

このくり返しが彼女にとってはなんともわずらわしい。

「それはね、親しい人と道で出会ったときの挨拶のようなものなの。ちょっとそこまで、とかるく言っておけばいいの」

私のこの意見に彼女は明らかに不満の様子。

「でもどこへって聞いているのよ」

「そう。でも、つまり、挨拶だからどこに行くのかを特に尋ねているわけじゃないの」

この答えは彼女をますます混乱させるらしい。

「じゃ聞かなければいいのに」

と言う。いくら説明しても、この意味のない挨拶の背景にあるものを彼女に理解してもらうことはできそうにない。もうだいぶ前になってしまった私のアメリカ生活をふりかえってみても、この種の挨拶は英語圏国民の間にはないようだ。

あいまいな挨拶をかわしながら、あいまいな状況にあいまいに反応し合いながら、なんとなく意思が通じあう、これは日本人独特の慣習だ。彼女は、自分が行こうとしている場所をきちんと答えるべきだと考える。日本人は「ちょっとそこまで……」で答になる。これこそ、いま流行のファジーというのかも。

ファジー、それはもともとコンピュータ用語であるらしい。いまや、コマーシャルにのって電気掃除機から炊飯器に至るまで、対象の状態に微妙に反応するファジーが大はやり。ファジーな機能はもちろん、人とのつきあいもファジーで、という具合。

このファジーなるもの、もともと日本人の感性だ、久しぶりに道で出会った知人同士が「先日はありがとうございました」「お元気で？」「はい、おかげさまで」など、とても英語にならない。先日っていつのこと？　感謝されるナニをしたの？　誰のおかげなの？　と目をシロクロさせるだけだろう。

最近、人とのつき合いがなんとなく理屈っぽくトゲトゲしくなった。ああ言われたからこうした、とか、そう言うならこうする、など対立的で融和がない。ファジー、それがいつもいいとは限らないけれど、どことなくファジーな雰囲気を持っている人ってちょっと味があるんじゃないかナ。

芯があるからできる魅力的な変身

浜松からの帰り道、綺麗な富士を眺めた。秋日和、蒼い空、澄んだ空気……今日の富士は殊のほか美しかった。

それにしても、何十回となく眺め馴染んでいる富士なのに、見るたびにその姿が違う。新しい驚きを感じる。実に富士は刻々と変化するのである。

車に乗っていても、東京のビル街を歩いていても、そのときその場所に来ると、決まって誰かが発する「あ、富士山が見える！」のひと言に、みんな一斉に向きを変える。こんなにいつでもどこでもみんなが関心を持つ富士。今日も私はその富士の姿を眺めながら何となく「変身」ということを考えていたのだ。

富士がこんなに人を引きつけるのは、きっとその見事な「変容」によるのではないかと思ったからである。季節、天候、時刻、雲の形と動き、光の中で、まさに富士は千変万化する。だからこそ、古今の画家たちが飽くことなく富士を描き続け、歌人が詠み続けるのだろう。

不思議なことに、富士はその見事な変容を繰り返しながら、決してもとの姿を崩さない。砂嵐が来るたびに位置を変え形を変える砂漠の砂山のようではないのである。変容しながらもとの姿を保ち続ける。そこにこの新鮮な感動を呼び起こす秘密があるのだろう。

人はだれでも多かれ少なかれ変身願望がある。化粧で変身、ヘアスタイルで変身、ドレスで変身、さらに生活形態を変えることで「今までの私とはちがうの」と宣言したり。でも、その変身……それが魅力的であるためには、やはり私たちの芯がしっかりしていることがポイントだろう。芯があるからこそ自在に変わることができるのだ。周囲の目を意識して変身するとしたら、それは芯のない証拠。魅力としては映らない。

内部にしかと蓄積したものが様々な形に表れて、キラリと光る。昇る日に富士の輪郭がくっきりと浮かび上がるのに似ている。

芯があるからこそすっきりと変身するのだ。人をあっと驚かせたいと意図したとき、変身はもはや魅力ではない。

借りものの「らしさ」は不自然

某社の中堅社員研修会に招かれた。この社では顧客への対応部門の中堅は女性で占められている。会場はシーンとして、四十数名の受講生が姿勢を正して私をじっと見つめていた。正直なところ、この「聖女」の群れに私は当惑し、何を話したら彼女たちの心に響くのか、と一瞬とまどってしまった。しかし幸いなことに十五分もすると彼女たちは「聖衣」を脱ぎはじめた。動く人、笑う人、ひじをつく人、喋る人、そして三十分後には「聖女」はことごとく普通の女性になっていた。私はなんとなく嬉しくなり、自分の持ち時間をたのしんだ。

「十五分聖女」はなんとも不自然だ。多分中堅社員研修を通して中堅らしさという型にはまってしまったのだろう。借りもののらしさには愛らしさ（カワイコちゃんという意味ではない）がない、と私はいつも思うのである。

若さとは躍動する力、ものを創り出す力だ。ものを見る確かな目は成長していく過程で育つ。この目は本物だ。創り出す曜動を無くさないで、ものを見る目を育てる、その過程の真ん中にいるのが中堅である。だからこそ中堅を生きるのは難しくもあり、また味わいもあるのだ。おじぎをしても挨拶をしても、どこか新人とひと味ちがう、それはどこから来るのだろうか。借りもののらしさから自分が創るらしさへのテーク・オフ、そう、それなのだ。

このお客様には、この言葉遣いをしなければ……それがすっとわかる、そして自然とそうなる。

「あら、あのお客様久しぶり」

ふっと懐かしさがこみあげてきたら堅苦しい敬語など考えなくてもいい、そのままの言葉遣いで十分美しい。同じ制服を着ているからこそ、そこからこぼれるようなあなたのらしさがひきたつ。束縛と自由とのコントラストが素晴らしい。同じ能面をつけていても喜怒哀楽が観衆にじーんと伝わる、あれなのだ。

飾らなくてもいい、取り澄まさなくてもいい、威張らなくてもいい、ただそこにあなたがいるだけで後輩が真似をしたくなる、周囲があなたの挙措を素晴らしいと思う、それがマナーというものだ。

判断を伴う行動には責任がある

昼休みのあとの授業は学生にとっても先生にとってもたるみがちだ。それに若い先生の多い学校は遊びムードになりやすい。こんな雰囲気も悪くはないけれど、まもなく社会人になるのだから少しはしめる必要がある、と私は考えている。

春の陽光の射しこむ教室は暖かく、教壇で背伸びをすると満開の桜の梢がビルの間からきれぎれに見える。後列に目を移すと、一人の学生の机上にジュース缶がのっている。昼休みの飲み残しか、次の休み時間のために購入したのかは分からない。私たちの学生時代にはぜったいにしなかったことだ。私は自分の学生時代のことを少し話し、いまの若者は何をするにも自由だけれど、それだけ判断を伴う行動には責任があるのだ、と言った。

「先生！」前列の学生が急に手をあげた。

「先生、私、自分がいいことだって判断したのに、自由に行動できなかったんです。電車で席に座っていたら前に足の悪いおばあさんが乗ってきて、席をゆずらなければってすぐ思ったんですけど、でも、どうしてもできませんでした。なぜって、回りに私と同じくらいの学生さんがいて、私だけ立つのがなんだか恥ずかしかったし……」

「それであなたはどうしたの」

「下を向いて……それから本を出して、そして読むふりをしてたんです」

ことばはとぎれがちだった。
十三、四歳の頃、私は英国人の神父から自由についての話を聞いた。
「神様が私にしたことを、どう思うかが大切です。回りの人がどう思うかと考えたら私、自由ではありません。なにもできません」

たよりにならない人間の小さな知恵よりも、もうひとまわり大きな確かな知恵、キリスト者はそれを神と呼ぶ。そういうものと向きあったときの判断と行動についてのこの話を、私はその後の数十年のキャリアの中で彼のアクセントと共に何回も思い出した。私にとってこの知恵は神であり、ときには風や雲や光、そして草木などの美しい自然でもあり、また古寺の仏たちでもあった。それにしても私はこの確かな自由をいつも享受してきただろうか、残念ながら答えはＹＥＳではない。

「先生！」さっきの学生が続けて呼んだとき、私は自由とのこの最初の出会いをまた思い出していた。

「先生、私、自分が考えているとおりに自由に行動できなかったんです。悪かったと思います。その人、とってもつらそうでした……」

学生の目には涙が浮かんでいた。この学生は、本を読んでいるふりをしている間中、束縛されているような不自由な息ぐるしさを感じていたにちがいない。

それにしても、いま自分の前にいるこの学生の、この小さな出来事の中の大きな不自由を、私もまたさまざまの出来事の中でひとしく経験してきたのだ、と気づいたとき、自分が急に小さくなっていくのを感じた。

「先生、私いまでもあの人に悪かったと思っています。ほんとはすごく席を立ちたかったんです…」

学生はくりかえした。涙《なみだ》はいまにもこぼれそうだ。この学生はきっと感性の強い人間に成長するだろう。そしてそのぶんだけ苦しむかもしれない。きれいな涙だ。私はこの透明な涙を人の世のまさつの中をくぐりぬけていく日々の中でどこかに置き忘れた。

「先生！」とジュース缶の学生が元気のいい声で言った。

「ジュースを机の上に置くのは悪いと思ったからすぐ中にしまいました。私の正しい判断で自由に行動しましたよネ」

その声が途方もなく自信にみちていたのでみんな声を上げて笑った。涙の学生も笑った。

昼休みのあとのもの憂いけだるさは消えて、みんなの目が輝いていた。

自由な時間を大切に

十時に就寝し六時に起きる。これが人間にとって最も自然で健康的な生活だそうだ。

家の内外すべて不夜城となった現代、こんな生活は到底できないが、食事、通勤または残業に数時間とられても、一日に二時間くらいの自由時間は作れる。週五日で十時間、土曜日曜を入れて一カ月で……、一年で……と計算すると、この自由時間をあまり大切に考えていないことに気がつく。

若い時の生き方が後年の人柄と人相を作る。四十代の顔はもはや親の責任ではないと言われているが、こうなると一大事である。

仲間同士でうさ晴らしをすると心がすっきりする、あの会合に出席すると得をする、この人と話すとちょっとした知恵がつく、などチマチマした発想から求めた余暇は一時的な特効薬のようなもの。心の充足感となって持続させることはできない。

この貴重な自由時間を何かひとつのことに深い関心を持って打ち込んではどうだろう。茶道、華道、音楽、スポーツ、語学……仕事とは無関係である。でも、学び習得する過程で数年ごとにぶつかる困難と、それを乗り越える喜びは、ものごとに取り組む姿勢と大きくかかわり合いがある。

ときには一人で思いきり「美」の追求をしてそれに陶酔する、優れた芸術、美術、文学作品に接すると、心が根底から揺さぶられる。その感激を語り合う、それも同世代だけでなく、異なった考え方の人、年齢の違う人との語らいからは刺激を受ける。

自由時間、みんななにをしているのだろう？　心の傷を癒すもよし、弱さを鍛えるもよし、本物を求めて燃えるのもよし、そんな余暇から人間としての品性が育ち、精神美が輝くことを忘れずに。

毎日が本番

長唄K流の若手会が創設され、ご招待を受けた。会員は連日、きびしく熱心な指導を受けて練習を重ね、ここに設立記念演奏会の本番の日となった。

どの演奏もすべて見事であった。ひいき目は当然のことながら、私の友人の演奏は中でも秀逸であった。幕が上がったときのピーンと張りつめた緊張感、金屏風の前に一列に十名、正面向かって右手が弾き手、左手が唄い手、その一段下に鳴り物（唯子方）が一列に並ぶ。太鼓、鼓、大鼓《おおかわ》、笛の演奏者の五名である。凛とした静寂の中に、二列に並ぶ十五名の正座はこの上なく端正で美しい。

舞台に並ぶ演奏者の息がピタリと揃い、乱れはない。私はこの、指揮者のいないオーケストラとも言える邦楽の合奏に、いつも魅せられてしまう。本手（基本旋律）を弾く人、高音の上調子《うわしょうし》で本手をかざる人、本手の間《ま》をひろって行くような替《か》え出《で》を弾く人、それぞれが間《ま》の感覚、あうんの呼吸の鋭敏な感性で、右手のタテと左手のツレの手の動きを察知しながら、いちぶのくるいもなく演奏する。鳴り物は、ときには冴え、ときには抑え、三弦の音の織りなす間《ま》を的確にとらえていく。唄は音に合わせて曲の情感を深め、盛り上げる。

観客は曲を聴いてはいるのだけれど、実際には演奏者の真摯な表情に魅せられ、とぎすまされた感性に打たれ、舞台全体の気迫に陶酔してしまうのだ。

本番の曲を録音テープで聴き返しても、同じ感動は味わえない。本番のテープはぜったいに聞かない、と友人は言う。私も聞いたことはない。テープは小さなミスでさえ容赦なく拾ってしまう。冷たくて正確すぎる。舞台全体の気《き》を再現させてはくれない。

舞台で演奏されるのはわずか三十分前後。しかしこのときのために数十回のきびしい練習を重ねる。本番はただ一回、そのときだけである。やりなおしはきかない。それだからこそいい。出来、不出来は問題ではない。

これは洋の東西を問わず、すべての音楽、演劇、スポーツの分野にも同じことが言えるだろう。本番の中に、長い長い期間の修練が凝縮される。それが人を感動させるのだ。

日常の生活を営む姿勢もそうありたい、と願う。学校を出て社会人として働き始めて数十年、振り返ってみると、なんといくども愚かな失敗を繰り返し、ささいなことに怒り、悩み、涙したことだろう。そしてこれからも同じことを繰り返していくにちがいない。

それは、たとえてみれば、きびしい修練だ。一日一日の作業や出会う人たちへの処遇が、過ぎた修練の日々の結実した作品であってほしい、と願う。一つひとつの仕事の中に、自分の歴史を刻みこめたらどんなに幸せだろう、と思う。ナミの人間には到底できないことだけれど、せめてその願いだけは持ち続けたい。多忙な毎日だけれど粗雑に働き過ぎるよりは、ていねいに毎日を送りたい。

あそびのない直線対話はさびしい

その年の夏は彼岸過ぎまで暑かった。三日間続いた研修の最後の日も相変わらず暑い朝だった。いちばん前に座っていた受講生に思わず口にしてしまった私のひとこと。「今日は暑いですね。どうして今年はこんなにいつまでも暑いんでしょうね」

彼女はジーッと私をみつめると「知りません」。

一瞬、時間の流れがプツンと止まったような空白を感じた。どうして（ＷＨＹ）暑いのか、なんていう質問を私は彼女にしたわけではないのだ。「ほんとに暑いですね」とか「どうしてなんでしょうね」など、ほんの軽いあいづちが返ってくるだろうと無意識に思いこんでいたのだ。ところが相手は、なぜかと問われて、知らぬ、と答えたわけだ。彼女は少しも悪びれず、まっすぐに私を見つめている。そうか、私は考えこんでしまった。

これに類似した直線的な対話に戸惑う体験はよくある。たとえば軽食レストランに入る。

「チーズサンドイッチありますか」

「ありません」

たしかにメニューにはのっていない。でもミックスがあるのだからチーズはあるはずだ。ところが「ありません」とポツリとひとこと。

「あいにくチーズサンドはありませんがミックスにはチーズがたくさんはいってますヨ」とくれば最高。「シェフにきいてみます」なら最々高。にっこり笑えば百億ドルの価値がつく。

「ありますか？」「ありません」「知っていますか？」「知りません」

このあそびのない直線対話はどうやらパソコンゲームで育ち、ＩＴで仕事をしている日常生活の影響にちがいない、と私は思っている。昔はなかった現象なのだから。

コンピュータのキイにふれるとスッとメニューが画面に現れる。イエスかノーかと聞いてくるからイエスのキイにふれると次のメニューがまたスッと現れる、続いてまたイエスにふれる。機械は迅速をモットーとするからその都度ピッピッとオペレータの注意を喚起する信号が鳴る。「うーん、イエスでいいのかナアー」とか「ノーでもないしネェー」なんて自問自答するバカやのろまをピッピッと警笛をならしながら追っぱらう。

コンピュータ用語で日常生活が通じる世の中はあまりにも直線的で、やはり私にはもの淋しい。相手の意に沿えないときの「申し訳ありません」や、相手に何か頼むときの「恐れ入りますが」とか「失礼ですが」は使わなくても用は足りるけれど、これはことばの潤滑油だ。笑顔は表情の潤滑油、会釈は態度の潤滑油だ。

原油の供給量やコストは世界情勢で刻々変化するけれど、潤滑油は人間の心に常時、埋蔵されている。惜しみなく万人に供給でき、しかも百万ドルの価値がある。

むだなエネルギーの消費や環境汚染のもとになる原油は節約し、幸せという明かりをともす潤滑油は惜しみなく消費しよう。

シルバーシートの風景

私はシルバーシートの前にはめったに立たない。年齢と髪の白さからいえば席をゆずっていただく資格は十分にある。ゆずってくだされば喜んで座る。だから別に高齢者の意地をはっているのではない。ただいつも満席だし私はまだ現役で、健康も若者なみだからだ。

シルバーシートはたいてい車内の両側に四人ずつ座れるようになっている。ところが不思議なことにこの席は二十代から四十代の壮年に至る若者で占められていることがしばしばある。彼らには定形的ポーズがある。まず第一におおかたは目をつむっている。第二にスマホを熱心に指で操作している。

それはある雨降りのこと。駅へ停まるたびに押し込まれて私はとうとうシルバーシートの前に立つハメになった。この朝はいつものように四人がけのシートに正真正銘のシルバーは二人だけで、あとは目のあたりに化粧の濃い若いＯＬと、もう一人は四十歳そこそこの会社員らしき人だった。電車が発車と同時にひとゆれしたとたん、私の濡れた傘がＯＬのスカートにふれた。その瞬間、彼女は目をカッとひらき私をにらんだ。反射的に私は「すみません」と言って傘を横にかかえなおした。彼女は無言のまま、急にひざに持っていた自分の傘を、乱暴に持ち上げると自分のひざと私の足の間に立ててあきらかに挑戦の姿勢を示した。そしてそのままの姿勢でまた目をとじた。

次の駅でまたひとかたまりの乗客に押し込まれた。電車がゆれると、今度は私の隣の中年の女性が私の方によろけてきた。その拍子に彼女のハンドバッグが例のＯＬの顔にぶつかった。ＯＬは目をあけると冷たい視線をこの中年女性にむけた。彼女は小声で「すみません」というとよじれた体をやっとの思いで立ち直らせた。ＯＬは乱れた髪の毛をさわったり、アイシャドウのついたあたりをなで廻したりして、迷惑そうなしぐさをくりかえして、やがてまた目をとじた。若い会社員はひたすらスマホを見つめている。

こんな光景はこの日に限ったことではない。しばしば目にする風景だ。しかし私の母が七十歳を超える年齢ぐらいのときはシルバーシートの表示などなかったけれど、すぐに席をゆずってくれたものだ。ひょっとするとあのころは核家族化が進んでいなかったので、みんながおじいちゃん、おばあちゃんと一緒に生活していたから、お年寄りをいたわる気持ちはこく自然なものだったのかもしれない。

さらにひとことつけ加えるなら、席をゆずられた人は素直に感謝したものだ。「僕は（私は）まだ若いからいいです！」なんてつっぱねる年寄りもまたいなかった。

要するに人間が年齢相応に自然であり、人間関係もいまのようにギクシャクしていなかったのだ。その意味ではいい時代だった。

立派な椅子のプレッシャー

体があまり丈夫でないのでよくお医者さんに行く。ホームドクターや場合によっては病院の外来にも行く。体調がよくないとそれだけで沈みがちだし、なにかややこしい病気じゃないかと思ったりして気分も落ちこんでくる。

診察室にはいると最初に問診がある。お医者さんはひじかけのある大きな椅子にデンと座っていて、患者は小さな椅子にチョコンと座る。大きな椅子にかけたお医者さんの前で、チッボケな椅子に座る患者さんはますます弱々しくなるばかり。ときにはなにか悪いことでもしたように、うつむきかげんのくらァーい表情でお医者さんの質問に答えるのだ。

近頃のお医者さんは顔を上げて患者の顔はほとんど見てくれない。ただカルテに書き込むだけ。椅子の大きさというのも不思議な作用をするものだ。小さな椅子から見上げるお医者さんはとてもエラそうで、自分の身体の異常やクスリの内容なんてとても話し合えない。じゃ血圧でも測りましょう、なんて言われようものなら、気の弱い私の血圧はそれだけで三十ぐらいははね上がってしまう。もしお医者さんの椅子も患者さんの椅子も同じだったら、もっとらくに話し合えるだろう、といつも思う。

母が入院していたクリニックに優しい看護婦さんがいた。ベッドに寄ると、そばの椅子にはかけないで床にひざをついて病人と同じ目の高さで話しかけた。こうすることが病める人の淋しさをどんなに慰めたことだろう。私も軽い風邪でベッドに寝ているとき、友達が訪ねてきたりする。立ったままで上の方から話しかけられるよりも、床にペタンと座って喋ってくれる方がらくな気分になり、あれこれ話ができる。

会社では地位が上がるにつれて椅子が立派になる。立派な椅子に座っている上司や先輩が部下や後輩を呼んで叱ったり注意したりしているけれど、これはあまり効果がないように思う。同じ椅子の高さでゆっくり話し合いながら注意をする方がずっと心が通い合う。ことに新入社員を指導するときは、新入社員のレベルまで自分を引き下げて話し合うのがいい。私たちは知らないうちに自分の頭が高くなっているのに気がついていないから。もちろん意識的に上下関係を強調する必要がある場合は別にして。

先輩と後輩との関係でも同じことが考えられる。「○君に××をやらせる、させる」という表現が私は好きではないので使わないし、他人がつかっているのを聞いていてもいい気持ちはしない。「私はいつも後輩に仲間として接している」と主張している先輩達でも教える、とか、指導する、という段になると、このやらせる、させる、の表現が出てくるらしい。こういう表現が無意識に出てくるというところに問題がある。自分を一段高いところに置いているからだ。

大きな椅子に座っているお医者さんを前にして、心身共にますます弱くなるような、それと同じことは、私たち働く人達の間でもよくある。いつも好ましい人間関係が持てるように、ふとした対応のしかたや表現に注意しよう。

ホスピタルとホスピタリティ

足に合わないブーツで歩き廻ったせいか、左足の甲がはれたので近くの病院に行った。この病院は改装されたばかり。緑の観葉植物、壁を飾る風景画、斜めに配置した明るい色調の椅子、中庭をうっすらと透す淡色のカーテン。病院の待合室というよりはホテルのロビーだ。事務局は雑務が見えないように仕切られ、窓口の職員の制服は縞柄のシャツにジャケット。これまたホテルのフロントクラークのようだ。待つ人が多いわりには、ごみごみした感じがしない。いまはやりの表現でいうなら、ハード面はなかなかよい。

と思った瞬間、かん高い女の声。たて続けに聞こえる。薬局からの呼び声だ。薬の説明がロビー中にひびき、患者の病状がみんなわかってしまう。困ったことだナ。各科の診察室からの呼び声は、この女のキンキン声の二重奏だからひどく聞きにくい。次か次かと緊張しているうちに、足の痛みも手伝って私は息苦しくなってきた。

待つこと一時間、ようやく診察室に入った。

若い医者が患者と話している。看護婦が奥のベッドに私を連れていき、どんな具合かと尋ねた、ひどく忙しいらしく目がキョロキョロしてこちらの話を聞いていないのがよくわかる。

　待つことしばし、ようやくさっきの医者がやってきて、どうした、といきなり乱暴に問いかけ、痛い足をキュウキュウ押した。

「どこかでころんだの」

「いいえ」

「じゃ、どうしたんだ」

　はじめから説明しなおすくらいなら看護婦が聞く必要なんかない！　これこれしかじかで、とブーツの話のくりかえし。

「おかしいね、そんなことではれるなんて」

「なにが原因でしょうか」

「すぐには分かんないね、車が動かないときだってエンジンの故障ってこともあるし、燃料装置ってこともあるだろ」

「はあ」

　たまたま私は車を運転するからこの医者の理屈がわからなくもないけれど、一般の患者にはこんなたとえは不適当だ。この医者には骨や筋や血管がボンネットの中の部品に見えるんだろう。それにしてもイマジネーションが貧弱だ。「湿布してみてまだ痛かったら、〇曜日に足の専門医がいるから来てみたら」というひとことで終わる。この間二分少々。

「二時間待ちの二分診療だ」

私は故意に乱暴な語調で言った、というより言ってやったという心境だ。こんな捨てぜりふがカンにさわる感性もないらしく、この若い医者はさっさと立ち去った。

看護婦が湿布薬をあてて包帯を巻きつけた。「靴がはけなくなるけれど」「あらそうね、テープにする?」と言うと包帯をほどいてポイ。初めからテープにすればいいのに。そばに脱いだ靴が見えないことはないだろう。

湿布薬を待つこと四十分。例のかん高い声に立ち上がったが、足許がおぼつかないので窓口に行くのに数分かかる。女は呼び続ける。うるさいぞ! 今度は会計で男が私の名を呼ぶ。体は一つ、一本足で、なんで同時に二つの窓口に行けるんだ、よく考えて仕事をしろ! 私の怒りは頂点に達した。

ホテルのようなロビー、かっこいい制服、そんなものはどうだっていい。病院はこころと体の弱きものの訪ねる場所、弱きものに接する態度こそ第一だ。英語で病院はホスピタル。ホスピタルとホスピタリティ(親切なもてなし)は語源は同じだ。お金があるなら教育訓練に使え! いっそう不機嫌になって私は病院を出た。

それにしても教養がなさすぎる。医師として、看護婦として、職員としていかに技術が優れているかの問題ではない。広く多くを知ることとも関係がない。思慮ある人かどうかが教養の原点だ。

どうもこの思慮ある人はだんだん私たちの周辺から遠のいていくようだ。

足のはれはその後の検査で骨折とわかった。あんまり怒って足が折れたのかもしれない。

和服にチャレンジを

正月になるとすべてがなんとなく日本調になる。街の風景も家の飾り付けも食べ物も日本式になり、和服姿で外出する女のコも多くなる。忘れていた日本文化を急に取り戻したようだ。

ところで街で見かけるこの和服姿、ミスマッチでカワイイ、という段階までは許せるとしても、帯がとけた、裾が乱れてきたとか、やたらに締めつけたので苦しくて卒倒しそうとか、こうなったら大変だ。

和服はもともと日本式住居と生活用式に調和する装いであり、マナーもそれに似合ったものだ。たたみ、床の間、障子、ふすま、座卓、ざぶとん、茶器などのいわゆるハード面。おじぎをする、座敷に座る、ざぶとんを使う、和菓子をいただくなどのマナー、つまりソフト面。

ジーンズ、Tシャツ、スニーカーで街を歩き、家ではスリッパでスイスイ、椅子に座ったら足は開いたまま、ドアは開け放し、ケーキにフォークを突きさすなど、粗雑な日常生活を送っている女のコが急に和服を着ても、からだが着物になじまないし、マナーはちぐはぐになってしまう。

「立てば芍薬《しゃくやく》、座れば牡丹《ぼたん》、歩く姿は百合の花」と、女性の和服姿の美しさを讃えたのはン十年前のことかしら。

ぞうりは足にぴったりしないし、帯はきつい、裾は足首にまつわりつく、こうなったらもう開き直り、洋服スタイルで勇ましく闊歩《かっぽ》しようか、そうもいかないし。

玄関前でショールをはずそうとしても、スカーフのように片手でスルリとはいかない。コートを脱ぐのもひと苦労。脱ぎ方しだいでは着物の袖から下着がはみ出したり、衿もとがクシャクシャになったり。その上ショールもコートも洋装のときのように片腕にかけたりはできない。立ったままで、てぎわよくかりだたみをするのはホントにもう至難のワザとなる。

座敷に入ったらもっと複雑なマリーが待っている。うっかり床の間の前には座れない。たたみの上を移動するときに自分の着物の裾をふんづける、ざぶとんの上を渡り歩く、たたみの縁に足をかけるなどはぜったいダメだ。菓子皿の上のキレイな和菓子には、フォークならぬクロモジと称する長いようじが添えてある。上から突きさすわけにはいかない。もう緊張のしっぱなしだ。

さて、どうしよう。せっかくのお正月、ひとつすてきな和服姿にチャレンジ、練習してみよう。座ったり立ったりしてみる、近所を歩いてみる。動くたびにひらひら揺れる両袖、自慢の長い足も裾にかくれて優雅、白色の半衿が衿元を優雅に飾り清潔感がただよう。いいナ、と自分で思ったとき、ほどよいイロケも出てくるというものだ。何回か練習してみよう。そしたらあとは本番だ。いつもの自分でいる方がいい。きまりきった作法などまねたところでイヤミになるばかりだ。

わからなかったら「慣れていませんので」とひとこと添えて教えてもらえばいい。イミテーションの作法よりはミスマッチのマナーの方が新鮮に見えるときもあるのだから。

ことばには魔性がある

ことばがあって初めて人間同士のコミュニケーションができる。新約聖書の「ヨハネによる福音書」の書き出しも「はじめにことばありき」である。

心を通い合わせるために私たちはしばしば話し合いの場を持つ。見えない心の部分をことばで表現し合って理解し合いたいとみんなが望んでいる。しかし実際には話し合いほど不平等な面を持つ場はない。建前では、会議や会合の際にはみんなが平等に発言する機会を与えられているけれど、現実には口下手や弱気でモノが言えない人はたくさんいる。その一方、活発で自分の考えを理路整然と述べる人もいる。たいていの場合、たくさん喋る人の主張が通り、喋れない人たちはストレスがたまり、心が通うどころか疎外感が増すばかりだ。

日本人と英語圏外国人で構成される教育機関の会議に出席することがある。この会議の発足時に、公用語は何にするかが問題になった。日英いずれを使用してもよいことを私は提案したが、外国人側から、日本人が英語を理解するようには日本語を理解できないから、と言われて、英語だけになってしまった。予想どおり、母国語を自在に喋る雄弁な外国人の意見がより多く通る結果となった。

あとでこれが問題となり、現在はバイリンガルになったが、放置したら「日米教育摩擦」が生じかねないところだった。雄弁な人と寡黙な人の間ではこの種の現象はたえずおこる。集会の場だけではなく友人同士の間でもそうだ。

豊かな説得力で人を納得させ、と言うけれど、ときには人をけむにまくことだってある。「うん、なるほど、そうだ！」と、その場ではすっかり意気投合しコトをおこしてしまい、あとで「なんでこんなことに」と考えこむ。言われたことを冷静にたどりなおして、やっぱりちがう！　と気がつく。ことばには魔性がある。この魔性に自分がとりつかれてしまい、他人を不本意に、ときには故意に、説得？してしまうこともあるのだ。

二日ほど風邪をひいて声が出なくなったとき、最低限必要なことだけを喋って過ごした。それで十分ことたりた。不用意に口にしてしまったことばを気にやむこともなく、きわめて健全で効率のよい日を過ごした。日頃なんと余計なこと、弁解じみたこと、理屈っぽいことを並べ立てていたんだろう、そのあげく、人を飽き飽きさせ、不快にさせていたんだ、と気がついたら恐ろしくなった。

考えようによっては、ことばをある程度制限したとき、人間同士のつきあいがホンモノになるのかもしれない。ひとつのことばを口にするとき、その重みを相互に味わえるからだ。でも、万感の思いをこめるそのひとつのことばがウッソーやホントー、ステキー、スゴォーイではダメ。豊富な語彙の中から選びぬかれたひとことにこそ万感の思いがこめられる。

喋れば喋るほど弊害をおよぼすような喋りすぎ傾向だけは反省したいものだ。

言い伝えが若者に通じない

自分が気づかずに使っている表現やことばを若い人たちがちゃんと理解しているのかかナ、と思うことがよくある。

「石の上にも三年、と言うから少しがまんしたら」と言ったら、キョトンとした目で「それなんのことですか」と言われて、私の方が目が点になってしまった。説明しても、はっきりわかった様子はなく、ただ「三年もがまんするんですか」と言うだけの返事。がまん強く辛抱することという意味が理解できないのだ。

最近転職する若者が多い。一年そこそこで辞めるらしい。仕事から何かを学ぼうという姿勢はあまりなくて自分勝手なわがままなのだ。こういう現象ももちろん好ましいとは思えないけれど、もっとショックなのは、長く言い伝えられている比喩的な表現がいまの若い人に通じないということだ。

桃栗三年、柿八年、なんていうのだってある。木が育って実がなるのに早くて三年、もしくは八年も待たなければならない。こんなことを私たちの世代はおじいちゃんやおばあちゃんからそれとなく聞かされたものだ。人間が生きていくためにはたくさんのことをがまんするんだよ、と物心つく頃から教えられた。

せっかく私たちの先祖たちが考えたこの美しいリズミカルな教訓（？）をいまはいちいち説明しなければわかってもらえないのは少し淋しい。

たとえば袖だたみとか、かりだたみ。ホテルの部屋に脱ぎ散らかしたままの浴衣を見て「ちょっと袖だたみにしておきましょうね」といったらこれもダメ。両袖をあわせてとりあえずくるくるとたたんでおけばメイドさんも気分がいい。こんなことは人間としてのたしなみだと思う。表現を知らないんだから、できるわけもない。みんな脱いだままベッドの上に放り出す。

でもこの種の表現はいまの日常生活とかけ離れていることも確かなのだ。石の上にも…

…なんていっても、しっとり苔むした庭石もないし、桃の木も栗の木も土のかおりと共に都会から消えていく。衣類はハンガーにつるすだけ。風呂敷は使わないからたたむこともない。

ことばや表現は環境や時代と共に変わるものだ。そうだとしたら、Tシャツとジーンズなど、映像とマンガのこのカジュアル文化にふさわしいすてきな表現が生まれて、後の世代に受け継がれていくようになるといい、と思うのだけれど、現実はどうなんだろう。こんなに早く変わるのなら、現代を生き残ることさえむずかしい。昔の表現やことばのように背後に何か大切な生きる指針があるようなものは出てこないんだろうか。現代っ子の感性から、常に新しく、そして後世に残るような新語が生まれるのを期待したいけれど。

手書きの手紙が心のゆとりに

手紙を書く人が少なくなった。「字が下手だから」「時間がないのよ」など。

私が子供の頃の郵便箱はたいていてい木製で小さな屋根と扉がついていた。雨の日などはなんとなくしっとりする。分厚い封書がよく入っていた。字は下手でも下手なりに、くせはあってもくせなりに面白くて家族で楽しんだ。水色や桃色の、王朝風の模様をすかし刷りにした子供用の便箋もあり、これを使うときは嬉しくて、一枚もむだにしないように丁寧に書いた。日本がいまのようにお金持ちではなかったのに、していたことはいまよりゆとりがあったのかしら。

近頃の郵便箱は赤や青のメタルやプラスチック製で雨もりなんかしない。でも中身は広告、チラシ、茶封筒、たまに私信があっても数行の葉書。お礼も葉書ですませる。でもやっぱり書状の方が嬉しい。とは言うものの、ネット社会になったいま、手書きの書状など期待できないが……。

小さなことをしてさしあげただけなのに、必ずお礼状をくださる方がある。郵便箱の中の新聞や広告の間に手ごたえのある感触、厚手のぼってりした封書、個性的な書体。昔の恋人に会ったようにドキドキする。食事を調え、ワインを飲みながら丁寧に封をきる。嬉しさはたとえようもない。この方は葉書に対しても独特の好みがある。一行二十字程度、十行ぐらいが適当とおっしゃる。葉書の文章がまた簡潔で、すがすがしい。あの無味乾燥な白っぽい葉書がいちだんと格調高くなるのだからふしぎ。

とてもこんな域には達しないけれど、やはりできるだけ私も書状で手紙を書きたい。たとえ電子メールが当たり前の通信手段になったとしても……。

漢字を使わないと、考える習慣が遠のく

近頃、漢字からだんだん遠くなっていくような気がする。この原稿を書いていても、ついひらがなを使ってしまう。漢字とひらがなをフィーリングで使いわけたり、ときにはカタカナでちょっとふざけてみたりもする。とここまで書いていて、今は「書く」という行為がほとんどなくなっていることに気づく。

中国で数年間仕事をしたときのこと。

「中国語会話入門」のテキストをみた。当たり前のことなのに、びっしりつまった漢字の羅列にびっくりした。全部名詞なのかナ、と思ったくらいだ。中国では、形容詞、副詞、前置詞、助詞すべて漢字なのだ。

日本語の「お名前は?」は「你貴姓?」、「あなたのお部屋」は「你的房間」、「とても広くてきれい」は「很寛敞、也很干淨」と書かなくてはならない。的は、○○のという助

詞。很は、とても、という助詞。也は、そして、という接続詞。寛敞は、広い、干浄は、きれい、という意味の形容詞だ。これはもう大変なことだ。

十二億と言われる中国人に、読み書きのできない人がたくさんいる、と言われているけれど、無理ないことかもしれない、と実感した。

日本人はみんな読み書きができる、なんて威張っているけれど、こと漢字に至ってはダメなんじゃないのかナ。たとえば手紙の初めのはいけいを正確に書けない大学生はたくさんいる。

私が学生時代の頃、漢字テストが毎週あった。下段の線が上段の線より長いか短いかを間違うだけで十点減点で成績はいつもさんたんたるものだった。いまは使用される漢字の量が減り、また簡略化しているから覚えやすい。そのうえ、パソコン時代。こんな感じの字だったかナ、と思う程度の知識があれば、キーに触れて選べばいい。難しい漢字を自分で考えなくても用は足りる。少々凝《こ》って、この文にはこんな字がいい、と思っても旧漢字だからパソコンでは出てこない。中国に行って、漢字のおもしろさにまたとりつかれてしまった。これを後退と言うべきか、進歩と言うべきか。

襟という字をみると、どうしても和服の襟元が目に浮かぶ。襟を正す、というと、和服の襟元をきちんとあわせて人と対座する、あのすっきりとした緊張感を覚える。なみだもそうだ。涙は感情のおもむくまま、るるとしてあふれ出る水分の多い涙を思わせ、泪と書けば、抑えた感情で、まぶたの裏が熱くなり、こぼれるでもなし、こぼれないでもない、瞳をうっすらぬらす、理性的な泪、上質の泪だ、と勝手に解釈してたのしんでいる。

ひらがなはやさしくやわらかく、そして便利。漢字は難しく、堅く、そして意味深い。カタカナでときにはマンガチックに。この三つを使い分けることができる私たち日本人は幸せだ、と思う。それにしても漢字があまり遠のいてしまうと、モノをじっくり考える習慣も遠のいていくような気がしないでもない。

暖かいひとことは努力の処方箋

姉が永眠、高齢の母が入院、その頃から病院とのおつき合いが始まった。

退院できないと分かっている肉親を一人病院にあずけ、夕べの灯のともる病室を院外から眺めながら帰るときの家族の心境はたとえようもなく辛い。医師には病人の状態を聞く時間をさいてもらうだけが精一杯。とても家族の気持ちなど訴えられないし、理解してもらえない。事務職員にいたっては小さな窓ごしの応対だけ。何回顔をみせてもどこの誰かという関心さえない。

病院、それは家族にとって、その建物と同様、冷たい石のような存在となり、病人を思う気持ちはつのるばかり。そして家族の心は傷ついていく。

たったひとつの慰め、それはやさしいナースの対応。

「今日はご気分がいいようですよ」と励ましのひとこと。

「ご家族もお疲れでしょう」のねぎらいのことば。

受話器の向こう側からきこえる思慮深い応答。

「今日は〇〇のお話をしましたよ」

「今日は〇〇を召し上がりましたよ」

医師よりも職員よりも、もっと繁忙なナースがさいてくださる数秒間の誠意、そのひとことで病人とナースとの和やかな情景が日に浮かぶ。家族の心の傷が癒える。

私たちの職場でもみんな心身ともに健康そうにみえるけれど、ほんとは人と人との摩擦の中で、すりむいた傷の痛みを、かろうじてがまんしている。私生活で一触即発の悩みのある人もいるはず。暖かいひとことは数秒間の努力の処方箋。それなのに私たちは自分の立場だけを考えてこの数秒を惜しんで、そっけなく対応する。

聖路加看護大学学長の故・日野原重明氏が次のようなことを書いておられた。

「看護のあり方をナースは肉親から学び、肉親はナースから学ぶ」

私たちの職場にあてはめれば、仕事にとりくむ知性と相手を思いやる情感のほどよい調和ということかしら。

第5章

ひと味ちがう女性とは

できる女性に男のコピーは似合わない

男女雇用機会均等法が根をおろし、女性管理職者があちらこちらで見られるようになった。とは言え、女性が「長」になると、途端にマスコミが追いかけたり、原稿や講演の依頼が飛び込んだりするくらいだから、まだまだ少数派なのだろう。

ところで、女性の出番がいまひとつ活発にならないことで気になるのは、女性群の中にいまでも身勝手な考えを持っている人たちがかなりいることだ。このまま勤務を続けていけばけっこう給料は上がる、産休、育児休暇などの特典もあるし、と考えて仕事の方はほどほどにしておこうとする。当然周囲に対する配慮がない。このような女性群が優秀な女性たちの足を引っ張る結果となり、ひいては経営者層に男性だけが席を占める状況を作ることにもなるかもしれない。

もうひとつ気になることは、いまトップの座にいる女性やその予備軍に、男のコピーが意外に多いことだ。企業戦士という言葉をつくり出したのは男たちだ。この殺伐とした状況にこそ、うるおいのあるしなやかな女性たちの出番がある、男たちの世界が生み出した古めかしい企業風土を新鮮にするためにも、女性たちの出番がある。

最近、紙上では国際問題をめぐる異文化、異質論が盛んだ。それは当然のこととして、もっと身近な男と女の間にも大いに異質性がある。男の考え方と女の考え方はしばしばくいちがう。

女の喜びや悲しみは男のそれと必ずしも同質ではない。涙の味もちがう。同じ風景を眺めていてもそれぞれの心に映るものはちがう。夜空に冴える月を仰いでも、夕日に映えるもみじを眺めても、男は何を考え女は何を感じているのかお互いに分からない。男女とも反対の性を経験できないのだから、そのちがいは理解できない。分かったつもりになっているだけのことだ。

分からないからこそ共同作業が大切だ。地球上にこの二種類の人間が存在する限り…。それができて初めてバランスのとれた方向づけが生まれる。

女性は不平等があったら当然はっきり「NO」と言うのがいいけれど、「NO」の形も男性のそれとはひと味ちがうところに女性の力がある。要するに、こぶしを振りかざすのは男の模倣で、女には似つかわしくない。

男性部長と、女性課長、女性部長と男性課長、こんな組み合わせがそこここに見られるようになったら、経営方針のメニューが変わる。そしてこの新メニューの味つけができるのは、いま身勝手と思われかねない女性でもなければ、こぶしを振りかざす女性でもない。

創造性を持ってしなやかに困難を乗りこえる生き生きとした女性群であり、新メニューの味のうまさを共有できる男性群でもある。

なにかが違うキャリアウーマン

どこかが違う、どこが違うんだろう。これは、いまキャリアのさ中にいて輝いている女性たちと一緒にいるとき、よく考えてしまうことである。

いまの若者は……というセリフは高年になると誰でもが口にする。私もその一人かもしれない。私の両親も若かった私たちに「いまどきの若者は……」と眉をひそめたものだ。おそらくいまのキャリアウーマンも私の年代になると、このセリフを言うのだろう。いや、きっと言う。なぜなら、いま彼女たちは新人社員に向かって「近頃の新人は……」と眉をひそめているのだから。

でも、私はやはり考える。いまの上昇思考の強い躍進女性をみていると、基本的なところでなにかが違っていて、それが彼女たちの日常のなかで見えかくれするのだ。私はそういう彼女たちの集会によく出席するし、彼女たちと親しく話し合ったりもする。

まず第一に、ことば遣いが違う。公式の討論の場でも、ちょっとした私的な会話になると、「ああだよ」「こうだね」といういわゆるダネダヨことばになる。男ことばと女ことばを区別しないのが平等だという発想からでた現象なのだろうか。

第二に、しぐさが違う。ホテルのロビーでも、小さな集会場でも、私宅の応接間でも、人と出会ったときの最初の挨拶がない。おじぎをしない。私たちはたとえ親しい仲間同士でも、その場で初めて出会ったときはちょっとケジメをつけて挨拶をかわしたものだ。また出された茶器や菓子皿の扱いが違う。道具の扱いは所有者への敬意を表すものなのだ。

第三に、目上の人に対する配慮の度合いが違う。年長者が入室してきても、椅子から立たないし、席も空けない。私たちはそんなときには反射的に立ち上がり、年上の人（役職者とは限らない）に上席をゆずったものだ。

第四に、話し合いの場の雰囲気が違う。自分の意見を主張するときや他人を批判するときの表現がストレートで、ことに対する見方がはっきりしていて、迷いがない。控えめに意見を述べたり、ひょっとして自分の考えが間違っているのかも、というためらいがほとんどない。

私たちの世代がキャリアのさ中にいた頃は目標とするお手本がいなかった。いたとしても、とても遠い存在だった。みんなが自分で自分を創り出していかなければならなかった。当時の年長者は「閉ざされた女性の時代」を生きていた人たちであり、そして私たちの後には「開かれた女性の時代」を期待する女性群が待機していたのだ。だから迷いやためらいも多く、控えめにならざるを得なかったのかもしれないが。

いまの躍進型女性は八月の太陽のようだ。少しまぶしすぎる。ふとした運命のいたずらで夏を経ずに秋をむかえた同僚や後輩たちがいる。木洩れ日のなかで彼女たちと人生を語り合えるようなゆとりがいまひとつほしいと思う。

味のあるシルバーレディに

アメリカの小都市の、ある会社で白髪（しらがではなく「はくはつ」と読んでほしい）の女性受付係に社長室まで案内されたことがある。論文作成のためのインタヴューに応じてくださった親切な社長サンとの面会のためだ。アメリカ留学中のことだから、もうン十年前になる。トータル・イメージはいまでも鮮明だ。

この白髪の女性は、ことばも流暢でない女の子を一人の客人として応接し、社長室まで誘導してくださった。立派な大理石の幅広い廊下、そのうえ、エライ社長サンとのインタヴューが待っている。ちっぽけな女の子は緊張でガクガクしても当然のこと。それなのに、この女性と話しながら長い廊下を歩いているうちに、石にひびく靴音も気にならず、なんとも言えない快い落ち着いた気分になってしまったのだ。インタヴューも、もちろん成功裡に終了した。

人を案内する、という平凡な仕事はだれにでもできるし、だれでもやる。実際、いままでに日本でも外国でも、何百人という人に案内されている。それなのに、この女性だけがひとつの絵のように思い出のなかにある。

英語にディグニティということばがある。威厳とか尊厳とか訳されているけれど、どれもあたらない。数多いケースを乗りこえてきた人の味、濃すぎず、薄すぎず、辛すぎず、甘すぎず、ほどよい味わい。そのディグニティに魅了されてしまったのだ。

説明できる範囲のものは教えられれば、だれでも身に付けられる。そしてすぐ、はがれる。説明されただけでは、身に付かないなにかがある。それがその人たちの味だ。老舗の味のようなもの。年を重ねて、なお美味《うま》さを誇れるもの、それがほんものだ。

だれでもみんな年をとる。髪は白くなる。これだけは理屈のつけようもなく、人間みな平等だ。すでに高齢化時代になりつつある職場にシルバーレディが増えてくる。みんなが昇進、昇格するなどあり得ない。能力だけでは達成できないケースはたくさんみてきた。となると、役職からヒラに至るまで、さまざまの職位に高齢の女性が席を占める時代がかならずやってくる。

若者よ、いまの若さはやがて逝ってしまうのだ。いまからでも遅くない。ゆっくりと、じっくりと自分の味つけをしよう。どうやって？　それだけは教えられない。ナベも火かげんも自分で工夫するもの。いい煮付けをしよう。自分でしか作れないその人の味だもの。多様な応用性、思慮深い判断、美しい姿勢、のびのびとした所作、そして優雅な心づかい、すべてにその人の持ち味がある。

うーん、ぐうっとお腹が鳴るような美味《うま》さだ。シルバーレディの誇りだ。

私もそうなりたいと思っているうちに年月は足早にすぎ、〝知る婆〟（シルバー）ならぬ〝知りたい婆〟になってきた。

ああ欠婚

結婚の形態が最近変わってきているらしい。婚約に始まり結婚式、新婚旅行、妊娠、出産と進んでいくのがいままでのおきまりコースだった。でもいまはちがう。最初の三つは飛び越えたり、最後の二つは切り捨てたり、ときには順序が全く逆転することもある。そのうえ、男と女の結ばれ方にもいろいろあるらしい。

「別れるときめんどうだから、一年くらい一緒にいてからネ」

これはいわゆる試運転同棲なのか。初めから別れを想定するなんて、まるで人生に明るさがない。ユメの欠落だ。

「毎日顔みたってどうってことないヨ、会いたいとき会うの」

これを別居結婚というのか。日常の喜びや悲しみを共有しない。人情の欠落だ。

「彼と別れちゃった、やっぱり女房がいいらしい」

あれは不倫だったのか！　健全さが欠落している。

さらにまた相手の選択が条件つきで、高身長、高収入、高学歴、加えて高層マンション、となると男を見る目はもはや人間を見る目ではない。ブランド品を選ぶのに似ている。世はブランド志向時代、いまでは装飾品や衣類を越えて食物にいたるまで。モーモー地方のモー吉が飼育したモー助の肉がうまい、などという。ブランド男を求めるのも同質の傾向かもしれない。

対象がモー助なら問題は単純だけれど、人間となると考えてしまう。人間性を見つめる目が欠落しているから選んだ品、いや男、に飽きがくるのは当然。栄養がいいからみんな背高になるだろうし、それほど勉強しなくても卒業できる大卒なんて価値はない、収入もほぼ平均化している。やがてバーゲンセールだ。となると次の新ブランド男を求めてさまようのだろうか。

男と女の結びつきが、こうも気まぐれ的になるなんて私にはやはりおそろしいし、それにぜったいに美しくない。発情期になったオス猫とメス猫がそわそわ走りまわる図をつい連想してしまう。隣の女の子がブランド男をみつけるとそれだけでそわそわ、羨ましいやら淋しいやらで目はうつろ、仕事もさっぱりはかどらない。ブランド君のことはあきらめて、妥協、打算、惰性の３Ｄでいくしかないか、と涙ぐむ。

人間一生発情期だとか。だからこそ神様は複雑な脳の働きを与えてくださった。ほどほどのブレーキのしくみでバランスのとれた脳細胞を活用して、いい男をさがす目を養おう。

結婚とは建物の土台のようなものだ。ふらふらしていてはいい仕事もいい家庭もできるわけはない。

三十歳になろうと四十歳になろうと、そのときが適齢期だ。そのときが来るまで仕事に専念しているあなたは美しい。いい男はそんなあなたを放っておくはずはないから。

チラリの魅力

経営者は両性思考を持つべし、と盛んに論議されたことがある。端的に言えば男性的思考と女性的思考をほどよく調和させた経営方針をたてる、ということだろう。地球上に男と女がいる限り、双方の好みを考えた上でニーズを満足させる経営ができ商売繁盛となる。いま女性は企業における貴重な存在、女性の意見が積極的にとり入れられるのもこのためだ。

実際、女性はいい仕事をしている。「あれは仕事ができる女だ」と周囲からも高く評価される。私の世代の女性が初めて職場進出した頃とは大違いだ。当時はちょっといい仕事をすると「ヨメにいけないよ」とからかわれたものだ。いまならゆゆしきセクハラ問題だ。要するに、仕事ができる女は決していい女ではなかった。

ところで、いまはどうだろう。いい仕事をする女は本来の女を捨てて男のようにがんばっている、とよく言われているけれど、それなら男だって本来の男を捨てて背広で武装してがんばっているのだ。

職場人間は女も男もいちようにつくられた人間、つまり組織が永年かけてつくった組織人間なのだ。だから職場では女も男もすべて同質の人間像をマネていることになる。こんなところにいい女、いい男がいるんだろうか。

いるいる、たしかにいる。というのは、マネができるのはものごとが正常に動いているときだけ、いったん正常を逸した状態になると人間の本性が出る。いい女といい男がそのとき顔を出す。

いつもは有能なＡ君が上役にしぼられてすっかり落ちこんでいる。Ｂ嬢が声をかける。

「元気だしてネ」

このひとことに男は幼い日のかあちゃんの面影をみる。鬼のような上役のツラとは対照的に、彼女のおもざしは「観音菩薩」のようだ。

ふだんは優秀なＢ子が今日は先輩にいじめられてくやし涙をためている。Ａ君が声をかける。

「さっ、しっかりしろー」

このひとことにB子は、白鵬ほどではないにしても、広く厚い胸の幅を感じる。先輩のチマチマしたいじわるとは対象的だ。ことが落ちついたあと、A君は思う。「あいつはいい女だ」と。B子は思う。「彼はいい男だ」と。

男には三分の二のオス性が、女には三分の二のメス性がそれぞれの生命体に作用しているという。ふだんは実力のある同質人間として働いているけれど、ふとした時にチラリと感じる異なる性のフィーリング。これがバツグンにいい。できる女イコールいい女、できる男イコールいい男なんだ。

でもこの方程式が成立するためには、どうしても必要な三つの条件がある。

その一、チラリはぜったいにチラリ以上ではない。

その二、無意識である。

その三、ふだんは共に仕事ができる女であり男であること。

さアどうでしょう、いい女、いい男、チラリと感じていますか？

「女房の小春」は理想の女性像か

おおかたの男性の求める女性の理想像は「女房の小春」であるそうだ。若い人には分からないかもしれないが、昭和を代表する演歌「王将」で歌われた、破天荒な将棋指し坂田三吉の妻、小春のことである。

古風でがまんつよく、かげで男を支える……なんと男にとってなつかしいイメージではないか。

ところで、私はこれを聞いて、女子学生、新入社員、ＯＬ五、六年生あたりに尋ねてみたところ、「女房の小春」を知らないものがほとんどで、「誰の奥さんですか？」という返事であった。ＯＬ十年、二十年選手ともなると、「いまさら何を言ってるの」と侮蔑の目をむける。小春が、そのがまん強さと慎ましさで最終的には男を掌中におさめたことを彼女たちは知らない。

男たちは、こんな形で女に敗けたいのだな、と私は私なりに男の理想の女性像、小春を分析している。

しかし現実は、である。「長族」へのはしごを登りつつある男性の周囲には「女房の小春」など全く知らない、もしくは全く見むきもしない女性が群がっているということである。だから、決して決して女性のいる場では「小春思考」のそぶりを、男性はみせない。その代わりに、女性の能力開発、女性管理職者の登用、今こそ女性の時代、と人事研修担当者を始めとしておおかたの長族は勇ましく女性を激励するのである。

しかし面倒なことに、女性はすぐに本音を追求したがるやっかいな性でもあるのだ。「ああ言ったからにはこうしてもらわなくちゃ……」「あんなこと言ったたって結局なんにもしないいじゃないの……」等々、男性長族の不当なあつかい（いや彼女たちはしうちというう）に対して堂々と雌哮《めたけ》びをあげるか、もしくはひそかに結束するのである。この雌哮《めたけ》びに対して、男性たちはフットボールのチームづくりよろしく男だけの防御体制を固める。また女性のひそかな結束に対しては、ワーカーホリックの男たちはなにが進行しているのか察知できない。

かくしてこれらの熱気あふれる女性たちが洋の東西に名をなす大企業やワンマン経営の組織形態の屋台骨を下からぐらぐらとゆさぶり始めたころ、やっと、おかしいぞ、と気がつくのである。いや、これとても女の力が原因だとは気づいていないのかもしれない。女性の力を正当に評価しない企業や専門団体に健全な経営と発展はあり得ない、と私を含む女性は皆考えている。

ところで、こうした女性たちの中には、きわだってすぐれたリーダーシップと思考力を内在させた人がたくさんいる。この人たちにほんの少しの動機づけと訓練を与えれば、彼女たちの芽は容易に花開き、組織を支える有能な人材になり得るのだ。しかし残念なことに、実際には、男性はこうした女性の発芽を助け、起用することにさほど熱心ではない。

実際に、女性不在のときの職場での男性の電話のとりかた、訪問客の迎えかたはしばしば基本をはずれ、目にあまるものである。女性に代行してメッセージさえ完全にとれない男性管理職者がたくさんいる。せっかく女性がつくりあげた好印象を、彼らが外部に対して台なしにしていることに本人は気がつかないのだからおそろしい。男性は女性が不在のときには、きれいなマナーで電話をとり、接遇できるのが望ましいし、女性は男性と同様、営業活動などができるのが望ましい。女には女の、男には男のアプローチやマナーの持ち味があってよいと思う。

さて、もうひとつの悪例は、女性の能力を男性が利用することである。利用は協力とはちがう。協力とは「力を合わせること」であるが、利用とは「自分が得をするためにうまく使う」ことである、従って、自分が得をしなくなったとき、無用なものは排除する。

女性の力を利用する男性は、彼女たちが男性と肩を並べ、もしくは彼を凌駕する域に達しようとすると、とたんに彼女を切り捨てるのだ。彼女がいると得をしないどころか損をする、とこの種の男性は考えるのかもしれない。どんな方法で切り捨てるのだろうか。第一には、正当な理由づけなくして配置転換を行なう。第二には、彼女に仕事を与えないで干す。第三には、女性長族の場合、彼女と部下の間に割って入り、彼女をうき上がらせる、等々。かかわり合った男性が二流、三流となるにつれて弄する策も低俗になる。だから女性はぜったいに賢くなければならないのだ。聖書の中の「蛇のごとく慧《さと》く……」「羊の装いをして来たる狼に心せよ……」とは、まさに職場の中の有能な女性に発せられた警告でもあるように思えることがある。

さて、男たち、特に男性長族は女性に対して、「仕事は待っていてもこない……」「男は女のために特に仕事はつくらない……」という意味のことをしばしば口にする。なぜ女性は「私も経営セミナーに出してほしい、これこれの仕事に挑戦してみたいから」「このような人事はあるべきでない」と建設的な主張をしないのか、と不満を述べる。たしかにその通りであると思う。しかし私はここであえて言いたい。男性は今少し女性を知る必要があるのだと。何を知るのか。女性は男性とひと味ちがう「心」を持っている、ということを知ってほしいのだ。女性が男性の「心」をとことんまで知ることができないように、男性も女性の「心」を知りつくすことはできない。だからこそ恋も怨みも生まれる。というのは小説家の分野にゆずるとして、職場人間としては、そのひと味のちがいを意識して、そのちがいを前提として互いに競存ならぬ共存をしなくてはいけない。

さて、そのひと味のちがいはどこからくるのか、それはおおかたの女性の心のどこかに「女房の小春」が住んでいる、という事実である。ここで女性は怒ってはいけない。男性は喜んではいけない。私の言う「小春」とは、三つ指ついて男に従う人形のような女ではない。もし「小春」が現代に生きていたら、パソコン技術は言うにおよばず、男性と機械の間に介在して人間味豊かに機能するにちがいない。「小春」とはそんな女性であるはずだ。

ある研修会で、数多い著書を出版しておられる産婦人科のＮ女史の話を聞いた。女性が体内に卵をつくり受精された卵を長期間あたため育てるための子宮を持っていることを女性の健康を考える上での最も大切な点であると心得ておかなければならない、とＮ女史は言われた。このことが女性に暖かい母性と、したたかな忍耐力と芯の強さを備えた「心」をつくっている、と私は思う。Ｎ女史は確かに女性は男性に比較して強いのだと言われた。夫を亡くした妻は、子供を育て生計を立てて生きる力を持っているが、妻を亡くした夫は往々にしてもろい。この母性と強さは女性が結婚していようといまいと、子供があろうとなかろうと関係はない。これは女性の体のしくみからくる、男とはひと味ちがう「心」なのだ。これが「小春」なのである。

さらに、N女史は女性の体の中でつくられるひとつの卵は数億の精子の到来を待ちかまえ、そのひとつと結合する、と言われた。このことから本能的に女性には「待つ態勢」があるのではないか、と私は思う。

指導性をはじめとする攻撃的な資質は後天的に養われるものであり、一般的には、女性の心のどこかに、この「待つ姿勢」を内在させているように思うのだ。これもまた「小春」なのだ。

実際に私の周囲にいる有能な女性長族の中には、心暖まる母性、めんどりがその羽のしたにひよこを育むような愛情、を持っている人が多い。また私が育成しているベテランスタッフの中には、積極的な待ちの姿勢をたえずくずさず、それ故に周囲の人たちから好ましく思われ、その芯のある慎ましさを高く評価されている人が多い。待つことは能力がないことではない。一見、受け身のようであるが極めて強烈なエネルギーを内包させた待つ姿勢は、ほころびんとする蕾《つぼみ》のように凛々しく美しい。待つことは何もしないのではない、身構えているのである。この待つ女性に、的確な動機づけが与えられれば、その母性と忍耐力が機能しはじめ、まことに好ましい形での男性との共存が職場内で機能すると思うのである。

ところが、である、ここに女性にとって大きな落とし穴があるのだ。「小春」の陥りやすいワナのことである。それは「小春」はときに盲目的になる傾向があるからだ。賢い「小春」は誠実な「三吉」を選ばなければならないはずなのに、往々にして「小春」ならぬコカルがかるがるしく、「三吉」ならぬケチなコケチのためにあらん限りの能力を使い果たしてしまうことがある。残念なことに、実際に職場には、誠実な「三吉」よりはケチな「コケチ」の方がずっと多いのである。だからこそ小春的要素を多く持っている女性ほど、かしこく、かしこく生きなければいけないのだ。「小春」は決して「コケチ」に利用されてはいけない。

私が初めて社会に出たとき、周囲の男性はすべて立派で、誠実で、凛としていた。しかしそれは無菌培養の学生生活の中で育った私が、男性を見る眼を持っていなかっただけのことである。職場人間の卵であった私は、雌哮《めたけ》びをあげるほどの能力もなければ、利用されるほどの人材でもなかったから、なんの実害もなかった。

その後十年、二十年と勤務していく過程で、男性とはなんと権力と地位、名誉に対して卑屈な、か弱い存在なのかと思うような場面にしばしば出会うことになった。当時はそんなことはまだまだ向う岸の火事のようなもので、多少の火の粉はあびたとしても、さほどけがはなかった。しかし、半世紀をこえる私の職場体験の間に、年の功もあってのことか、いくつかの組織にかかわり合いをもつハメになり、その中で「女」なるものを、イナバの白兎の毛をむしりとるがごとくに利用する男性がいるのに気がついた。オオクニヌシノミコトも現れなかったから、兎はその舌で傷あとをなめながら痛みをやわらげた。

そして数年を経たころ、兎は考えた。「こんなことはごく当たり前のことなのだ」と。権力をモノにしたいと思ったとき、人間は自制心をなくしきるほどに拙劣な策を弄するものだ。これは男に限ったことではなく、女性とてもこのパラ男性病にかかるのだ。女性の病は男性病とは少々質を異にしているが……。ここでは女性のことはさておくことにして、このような男たちが私たち女性の周囲にたくさんいる、という現実を認識しておかなければならない。

私はこの現実に対処するため、二枚のハンカチを用意している。一枚は真白なハンカチ、一枚はよごしてもよいハンカチだ。白いハンカチは右のポケットに、よごしてよいハンカチは左のポケットに入れている。私は右利きだから、右手の動作は無意識に行なうが、左手の動作には意思が伴う。だから、左ポケットに入れたハンカチは、確固とした意思がなければ手を動かしてとり出すことができない。

おおかた、ことが起こった場合は、相手の男性はまず「コケチ」であると覚悟をしておいた方が安全であるから、私は多少のためらいをもって意識的に左手のよごしてもよいハンカチをとり出すのだ。右手の白いハンカチは「三吉」とのかかわり合いのときにだけとり出すだろう。右手は無意識に動く。意思はいらない。無意識にとり出すハンカチがよごれたハンカチであってはならないのだ。だから私は左手のよごれたハンカチをぜったいに右ポケットには入れない。よごれたハンカチを無意識に出すようになったら人間としてもうおしまいだ。そんな人間にはなりたくない。どたん場で勝負をするときには右手の白いハンカチを私は使いたい。白いハンカチは私の伝家の宝刀であり、「小春」なのだ。

それにしても、真っ白なハンカチで共存し合えるようなそんな相手（男性とはかぎらない）と思いきり仕事がしてみたい、と思うのは私に「小春的要素」がかなり多いからなのだろうか。いずれにしても、人生の折り返し点を遙かに越えて「最終章」を生きている今頃になって、こんな理屈を並べている自分が愚かしく、こっけいにも思えるときがある。

なにを言ったたって結局一枚の白いハンカチしか持っていないんじゃないのかなと、やや自嘲的に、我が人生をふり返る昨今でもある。

後輩たちよ、賢くあれ！　clever に立ち回るよりは intelligent に対処してほしい。どんな成果をあげたか、よりは、成果をあげるために（もしくはあげられなかったけれども）

どんな努力をしたか、ということが生きるということなのだから……。

いや、こんなふうに思うことさえ、ひと昧ちがう女性の「心」のしからしむるところなのだろうか。

第6章

野に咲く花のように

野に咲く花のゆかしさ

野に咲く花はすなおでやさしい。それでいながらしっかりと根をおろしていて凛としている。

「花は野にあるように……」は茶道七則の中にある、花を活けるときの、利休のすすめである。

「今日ありて明日炉に投げ入れられる野の草をも、神はかく装い給えば……」は聖書の中の、野の花にたくした、信仰へのすすめである。

野の花のあるがままの自然な美しさを、利休は茶の心とした。栄華をきわめたソロモン王の宮殿でさえ、野の花の美しさには比べようもない、とキリストは言い、人間のわざの限界を示した。

野の花の、短くそれだけに尊い命に限りない美しさと精一杯の努力を私は感じる。

「忙」は心が亡びる、と書く。ともすれば心がすりきれそうに多忙な日がある。それでも、仕事をしている所作の中に、ことばづかいの中に、表情の中に、野に咲く花のゆかしさを感じさせる。そんな人がいるといい。

強烈なエネルギーの内在

あれは六歳ごろだろうか、茶室というには程遠い狭い和室であった。あざやかな抹茶の緑が茶筅の先にふれるのにつれて、茶碗の底のほうからふっくらとまあるく盛り上がってくるのをじっと見ていた。両手のこぶしで体を支えて、ひざをすりながらお茶碗を取りに出る、教えられた通りにしなくてはいけない、その瞬間を待ちながら、亭主のしぐさを真剣に見守っていた。お茶の苦さも足の痛さも覚えていないのに、待っていたときの心の緊張はいまでも忘れない。

手を休めるひまもないほど忙しい職場の仕事の合間にも、私たちはなにかを待っている。約束のあるお客様がみえるのを待っている。応接室の花は水をあげているだろうか、室温は適当だろうか、必要な書類はそろっているだろうか、担当者は在席しているだろうか。

上司や先輩からの指示を待っている。たったいま提出した資料についてなにか聞かれるかもしれない。きちんと答えられるだろうか、もっと他に準備するものがあるかもしれない。ひょっとすると不備な点があって叱られるかもしれない。

たのんだ仕事ができ上がるのを待っている、電話がかかるのを待っている、同僚の手があくのを待っている。

待つことは、いっけん受け身のようであるけれど、強烈なエネルギーを内に秘めた待つ態勢はほころびようとする蕾《つぼみ》のように凛々しく美しい。心をこめて待っている人の目はきらきらとしている。

昇進の機会があるかもしれない、昇給するかもしれない.それを手にしたときの喜びはもちろん大きいけれど、待っているときの心の緊張感がいい。

待つ姿勢の、待つ心の、大切さをもういちど考えなおしてみよう。

文具や機械を扱う手さばきは茶道の点前

茶室にすわる。定座に据えた釜は、ほどよく煮えがついている。亭主は水指、茶碗、茶入、柄杓《ひしゃく》を定座におく。居ずまいをなおす。茶を点てる所作に入る前に、亭主自身も定座にいるかをいま一度あらためて、心をおちつかせる一瞬である。そして茶を点てる所作に入る。

　定座においた道具は、体や手をごく自然に動かすだけで、容易に持つことができ、あつかうことができる。点前《てまえ》をする人の所作にはむりがない。手の動きは流れるように自然で美しい。さぞおいしいお茶がいただけるだろう、と嬉しくなる。

　出勤する、机の前にすわる、机上の備品を定座におく。茶の点前のようにむずかしい手順はないけれど、今日する仕事の量と質を考える、上司と部内の人たちの間の仕事の流れを考える、かかわり合う人たちの動きを配慮する、そして必要な書類や備品を定座におく。ひととき、心の準備をととのえる。茶を点てる前の、居ずまいをなおす一瞬に似ている。机上の空間はちょうど点前座《てまえざ》のようなものだ。そして今日の仕事にとりかかる。

　心して置いた書類は、仕事の途中で紛失することはない。小さなペン立てでも、定座におくと、どことなく風格が出る。さぞよい仕事ができるだろう、と嬉しくなる。周囲の人たちもこんな人に仕事をしてもらいたいと思うだろう。

　電話が鳴る、片手をすっとのばして受話器をとる、もう一方の手でペンを持ってメモをとる、パソコンのキーに手を伸ばす……いずれも生き生きとした美しい動作だ。

　利休百首の中に、「おくときには、心して……」という意味の表現がたくさんある。私たちが仕事をするときも、同じ配慮があるといい。

書類や備品を心して定座におくと、それをあつかう人は機能的に、しかも優雅に動ける。最も機能的な動作は最も美しい、と私はいつも思う。

私たちの周囲にある備品の場所を、もういちど見なおしたい。そして、いつも、心してものを置き、きれいな手と指で扱う。機能的で美しい動作は茶道の点前のようだ。

美しいことばづかいとゆたかな心

新入社員を迎えるころになると、いつも若い人たちの話しことばが気になる。美しい態度は美しいことばづかいから生まれるように思う。美しいことばを耳にし口にしていると心がゆたかになる。ゆたかな心は生き生きとした情感を人に与える。春の水に散る花びらの小さな波紋がやがてゆっくりと水面に大きな輪をえがいていくように、美しいことばの余韻は人から人へと伝わる。

先輩と新入社員の間の人間関係の摩擦も、上司と部下の間の仕事上の手順の行きちがいも、おおかたは、表現の乏しさか、もしくは、かざりすぎかに端を発している・乏しい表現で無愛想に話しかけられると、だれでもあまりいい気持ちはしない。かざりすぎた饒舌はどこかうそのにおいがする。

最近は新入社員に敬語の規則を教え、使い方を訓練する。私たちは学生時代に敬語を勉強しなかったけれど、成長していく過程でいつのまにか使えるようになっていた。英語圏国民の間では、幼い子供でも「I go」と言い「He goes」と言う。「どうして He は goes なの?」と聞いても子供は答えられない。もしかしたら「パパやママがそう話すから」と答えるかもしれない。He が三人称単数だから go に es をつける、などと説明する子供はいない。話しことばはそういうふうに自然におぼえてしまうものである。

正式の茶事の際に、亭主と正客の間でかわす対話がある。簡潔で秩序があり、しかも相手への配慮がこめられている。もちろん真に茶心のある人たちの間でのことではあるけれど、こんな対話を耳にすると日本語のことばづかいのゆたかさに魅せられてしまう。それに伴う所作もむだがなくて美しい。つり合いのとれない衣服を着ているようなことばづかいはかえって不自然にひびく。

パソコン時代となったいま、もっと機械が精巧にならないかぎり……すでにそうなっているかもしれないけれど……おきまりの表現を求めて機械を操作している。そんな職場環境の中にいると、自然とごく限られたボキャブラリーでしか人と話をしていないのではないか、と少し不安になる。画一化された話しことばからは画一化された人間しか育たないだろう。貧弱な表現にしか触れていないと、きめの細かい、それだけに、楽しみも苦しみも分け合えるような味のある人間関係は生まれない。

情報機械の回転する、あのものうい単調なな音と画一化された文字盤、そして近い将来ロボットの規則的な動作の中で仕事をする職場人間をふと頭にえがくとき、せめてその中で、日本語のもつ美しい表現とやさしい態度で人と話し合いたい、と思う。そういう人こそ、ネット社会を生きる、ひときわみずみずしい主役になるであろうから。

心のゆとり、心のあそび

日常生活が多忙になると、最小限のことばと動作でことをすませてしまう。限られた時間内で買い物に出かける。改札はパスモで素通り。店の入口に立つ、扉は自動的に開閉する、向こうから出てくる人や、後から続いてくる人のために扉をおさえる必要はない、売場を廻り値段と品物を見くらべてかごの中に入れて勘定場へ……。係の人は黙々と値段をうちこむ、紙幣を出しておつりをもらう、また硬貨を入れて切符を買い我が家にもどる。

家を出てから帰るまでひとこともロをきかなかったことに気がつく。体はもちろん、手も、さほど動かしてはいない。

忙しいときには口をきくのも面倒だ。両手に荷物をかかえているときには自動開閉ドアは大変に便利だ。効率とは最小限の時間に最小限の動作で最大限の目的を達成すること、よけいなものはいっさい添えない……となると、近頃の生活は大変に効率がよい。このような日常の暮らしかたが、いま、私たちの生活習慣のすべてに入りこんでしまっている。

「お先に」「どうぞ」など、余分な表現は添えない。ストレートに行動に入る。こういう人達が職場で働いている。

「○○の件聞いていますか?」

「聞いていません」

「○○さんから電話がありましたか?」

「ありません」

たしかに質問には正確に迅速に答えている。「聞いておりません、おしらべしましょうか?」「ありませんでした、こちらからおかけしましょうか?」とひとこと添えるのはよけいな対応なのだろうか。

「そうしなくてもよい」という返事がもどってくれば、添えたひとことはむだになる、「そうしてほしい」と言われたら、余分な仕事がひとつふえる、と考えるのだそうだ。ことばの上ではむだかもしれないが、会話がポツリときれるよりは心がつながる方がいいし、余分な仕事がふえると考えるよりは、新しい仕事を作ると考える方がいい。

お客様にお茶を出すとき、両手でその人のまん前にストンと置いてもことはたりる、動作は一回で済むから効率はよい。しかし、出されたお茶はその人の心と同じように味がない。いちど少し手前に置いてから片手を添えるようにしてスッと進めると、ほどよい間がもてて相互に心が通う。

初夏のファッションがショーウィンドウを飾っている。ドレスになにげなく添えたアクセサリーはドレスをいっそう美しくみせて買い手の心をさそう。色ものの野花に添えた数葉の緑のひと枝は全体の趣きをかえる。添えるとは心のゆとりであり、心のあそびである。車のハンドルのあそびのように、もしそれがないと、大勢の人が行き交う「社会」という大通りで衝突事故がくりかえされることにならないだろうか……。もうそうなっている？

忘れてしまったきれいな作法

私が仕事をはじめたころは、まだ東京空襲跡のガレキの山があちこちに散在していた。口笛を吹きながら陽気に街を行くアメリカ兵とは対照的に、日本人の表情は暗かった。敗戦ですべてのものが破壊された。破壊されてはならない由緒ある建造物も逸品もことごとく灰になった。伝統の中で育まれた日本人特有の心のゆかしさも同時に消えてしまった。

当時、私は日本人と外国人の間で、おぼつかない英語を使いながら仕事をしていた。英語まじりの職場生活の中にいて、私の仕事のしかたも、話しかたも、人との交わりも、どこか欧米型に変わっていくのを感じていた。そんな中で、どういうわけか、おじぎだけは身についてしまっていて、どうにもならなかった。外国人と出会っても、握手をする代わりに、私はつい頭を下げていた。その頃は男も女もそうだった。そして、周囲の外国人は、私たちのこの習慣を好ましく眺めていたらしい。彼らは日本人に出会うと、なかばたのしそうに、なかば真剣に、丁寧に頭をさげた。そして、そのとき彼等の表情には明るさと親しみがあった。

アメリカ人はやがて任期を終えて日本を去った。そして十数年のうちに日本は大きな経済発展を遂げた。私たちの周囲は急速に欧米化した。

かつて仕事仲間であった外国人たちは、やがて観光客として、ビジネス関係のクライアントとして再来日した。私は空港ゲートでアメリカ人がするように、大きく両手を広げて出迎え、右手をさしのべて握手をした。彼らは私を抱きかかえるようにして懐かしがった。数日の滞在を終えて帰るとき、しかし、彼らは私にポツリと言った。「日本人はもうおじぎをしなくなったの？」と。

いつの間にか、私たちはあの美しいおじぎのマナーを忘れてしまった。敬意と感謝を捧げる品位のあるおじぎ、目上の人に対したときの心あらたまるおじぎ、お客様を迎えるときの親しみのあるおじぎ、そして見送るときの名残り惜しげなおじぎ……。静かに頭をさげて、そしておこす、このかんたんな所作の中に、なんとさまざまな思いがこめられているだろう。

日本には格調高い「真」のおじぎ、少しくだけた「行」のおじぎ、そしてごく自然で素直な「草」のおじぎがある。真、行、草の形は茶道の点前の基本だ。長い伝統と習慣の中で、いつとはなしに、このきれいな作法が日常化していた。それがある時期、突如として、断絶してしまった。

入社時の面接試験のために、新入社員の研修に、おじぎのしかたを訓練するような時代は、日本人にとって、あまりにも心さびしくはないだろうか……。

失いたくない新鮮な感性

名園といわれる廻遊式庭園を散歩している。明るいのどかな道を過ぎ、やがて樹木のうっそうとした暗い狭い道に入る。この道はどこまで続くのだろう、先が見えない、不安になる、そのとき突然、視界が開ける。全く予測しなかった景色が急に目の前に広がる。この視覚の処女性とでも言うべき驚きが、名園といわれる庭園にはあるのだ。

今年もたくさんの若者が社会に送り出された。そしてさまざまの組織の中で、さまざまの出来事に出会っている。上司に初めて紹介されて緊張する。先輩の有能な仕事ぶりを見て感激し、自分も早くああなりたいと思う。立派なビルの、ＩＴ機器が並ぶ整頓された事務所で働く嬉しさを感じる。部下を叱る上司のきびしい表情を見て、語調を聞いて、自分は両親からもあのように言われたことはなかったと気がつく。残業が続いて自由な時間がほとんどなくなったと嘆く。すべて、ま新しい驚きである。そんなことを話すときの彼らの表情は実に生き生きしている。

この新鮮な感性をいつまでも持っていてほしいと思うけれど、それは、さほど容易なことではない。四、五年たち中堅社員という層に入ると、驚きの心は急におとろえてしまう。毎日が同じ仕事のくり返しだと思う。初心者のころの努力はもうしなくてもことは足りると油断する。なにか起こっても、前にもこんなことがあったと思い、さほど驚かない。多少、目新しい出来事があったとしても、そうなる原因は前からわかっていたので、当然のことが起こり得べくして起こったのだと妙に分別くさく納得してしまう。おおかたのことに驚かなくなってしまった自分に気がついたとき、ふと淋しくなり、急に新入社員の若さがまぶしくなる。

中堅社員というのは、厚い雨雲のような層である。この中にいるとき、ほとんど進歩も変化もないと思われがちだけれど、その層の中で私たちは間違いなく年を重ね成長している。同じ出来事を異なった角度から眺める新しい目が養われている。そして、そこには新人のとき気づかなかった驚きがあるはずだ。周囲にいる新入社員の慣れない所作を見て、言葉づかいを聞いて、自分も数年前はああだったのかと気がつき、知らぬ間に成長した自分に驚く。新入社員の奔放な行動に羨望を感じ、いつのまにか型にはまってしまった自分に驚く。厚い雨雲の中で雷鳴をきくように、一瞬心がゆれる。そこに雨雲をつきやぶる力があるのだろう。

何度訪れても倦きない名園が、人々の感性にうったえる激しいほどの驚きを内在させているように、私たちもいくつになってもなにかに驚く躍動を心の奥に秘めていたい。

自分の行動を誤らないために

私がアメリカで生活していたのは昭和二十八年ごろであったかと思う。敗者は勝者にならう、という論理からか、当時は日常の小さな生活習慣から、大きくは組織の経営にいたるまで、すべてアメリカ式がよいという社会風潮があった。そのご本家の国に生活してみてのこと。郵便局や銀行では、昼の十二時になると、窓口で並んで待っている私たちの前で、係の人がピタリと窓を閉めた。弁解のことばも気の毒そうな表情もなく、そうかといって意地悪をしているような悪びれたそぶりも全くなかった、そうすることが、ごく当たり前のことのように彼らは行動していた。これがビジネス・ライクということか。義理人情の社会慣習に多少ともきゅうくつさを感じていた当時の私にとって、これはさわやかな驚きであった。

帰国後、間もなく、義理人情どころか、浪花節的色彩のきわめて濃い日本企業と、トップをいくアメリカ企業との合併のプロジェクトに参加することになり、小さなことでは、約束のない来訪者に「会う、会わぬ」から、大きくは営業活動の方法、労働組合の交渉にいたるまで、相手方の気持ちや行動に合わせたいという心くばりを、仕事の場に持ちこもうとする側と、ビジネス・ライクに割り切って処理したいという側とで、たえず行き違いがあった。「日本の経営方式」とか「日本人の心」などが外国人の間で話題となり、英文記事になる現代とは比較にならぬほど、両者の問のみぞは大きかった。

茶道に「七事式」というのがある。五人が札をとり、札の役割に応じて点前をする人になったりお茶をいただく人になったりする。根底には禅の深い思想があるとのこと、むずかしいことはさておき、七事式に加わると、いつも私は他者の心と行動に合わせることの意味を考えさせられる。他者がいま、何をしようとし、なにをし終えたかを相互に注意深く察知している。だから決められた八畳という空間で、点前座に進む人、上座にいく人、下座におりる人、お茶をいただく人など、それぞれが異なった行動を起こしながら……ときには一畳の狭い畳に人が行き交うことがあっても……ぶつかったり歩みが乱れたりすることがない。それでいてなお、お茶を点てる人はそのことに専念し、お茶をいただく人はそのことをたのしむ。そして限られた空間と時間の中でひとつのことが達成される。

外国人との間に限らず、日本人同士でも、同世代の人たちの間でも、二人として同質の人はいない。異質の人たちと共にひとつの目的に向かって仕事をするとき、他者の心と行動に合わせてなお自分の行動をあやまらない、ということは大変にむずかしい、それだけに大切なことだ。

いまでも私は仕事をしながら、ときに、両者の理解に溝ができたとき、私の目の前でピタリと閉まったアメリカの郵便局や銀行の小さな窓口と七事式の所作を同時に思い出すのである。

執着心を捨てる

子供の手からおもちゃを取ろうとすると、力いっぱい握りしめて放そうとしない。むりして取り上げようものなら声を出して泣きさわぐ。人は生まれながらにして、ものを手放すことに抵抗を感じるのだ。多かれ少なかれ、ものごとに執着するのが人の常なのだろう。

　初めて職場で仕事をしてみて、いちばんむずかしいと思うのは人間関係らしい。月給が安くて辞める人よりも、人間関係が原因で辞める人の方がずっと多いのだ。理由を聞いてみると、周囲にいるだれかとうまく行かないことが原因で、ときにはその悩みが大変に深刻で、このままにしておくと病気にならないかと思うことさえある。こういう人達はおおかたは仕事がよくできて誠実だ。環境に恵まれてさえいたら、きっと有能な人材になり得る人達なのだ。しかし、組織はそう良い人ばかりで成り立ってはいない。気の合った人となら良い仕事ができる、というのでは真に有能とは言えない。なんとか努力し、協力し合いながら、イヤな人とも共存していかなければならない。それが少しずつでもできるようになることが社会人としての成長であろう。

　こじれた人間関係に悩む人達……年齢を重ね、経験を重ねた自分達も含めて……に共通していることは、こじれた相手への執着から自分をとき放すことができない、という事実なのだ。おもちゃを握りしめて放さない子供の執着心と同種のものだ。

　自分を成長させたい、と願うなら、このような状況をつき放して眺めるように努力してみよう。意地の悪い先輩や、ミスを人のせいにするような同僚はたしかに不愉快だけれど、そういう人達は私たちの周囲にたくさんいることがわかり、もしかしたら自分も人がイヤがるなにかをしているかもしれない、と反省する余裕が持てるようになる。そして人は一廻り成長する。

放す……。これは自分をしばっているわくをとき放すことだ。右を向いても左を向いても、どこにも逃げ道がないがんじがらめの状況の中にいても、上を向いたら蒼く冴えた空があることに、下を向いたら両足を支える大地があることに、気がつく。

茶の点前をしているとき、いちど、ここ、と決めて道具を置いたら、そこでその道具から手を放す、たとえ定位置から多少ずれていても、再度手をのばして道具を置きなおすことはしない。ひとつのものを、ひとつのことを、いつまでもいじり廻しているのは決してスマートとは言えない。今日のことは今日で放し、新しい明日を迎えよう。

かげの仕事の大切さ

おいしいお茶をきれいな所作で心をこめてお客様にさしあげたいと思ったら、まず茶道具の準備をする水屋を整頓しておきたくなる。所定の場所に道具をきちんとおさめた清潔な水屋はおいしいお茶を点てるための必須条件であろう。低い棚には茶碗、蓋置などを、上段には茶杓などを置く。その他の道具も所定の場所におさめておく。重いものは下段に、軽いものは上段の奥におくなど、さまざまの配慮がある。そして何よりも大切なことは使いやすく配置してあることだろう。

正式な茶事の際には水屋の係がいる。亭主が動きやすく、心ゆくまでお客様をもてなすことができるように、茶室に運び出すものを手順よくととのえ、使い終えたものはすぐに整頓しておく。茶事が終わったあとの水屋がもとの通りに整然と片付いているのは気持ちがよい。水屋を担当するものは、それがかげの仕事であるだけに、ときには亭主よりも有能なのかもしれない。茶を点てる準備をする水屋の仕事のように、かげの仕事がきちんと整頓されてこそ、表の仕事がうまくいく。

とっさに判断できる感性を磨く

日常の仕事の中で、とっさに決断をしなければならない状況に出会うことがよくある。

来訪者と上司の会談が長引いたときお茶を入れかえた方がよいか、それともそれは会談を邪魔することになるだろうか。会議中に上司へ電話が入る、会議を中断させてでも知らせるべきか、ことづてをもらえばよいだろうか。約束のない来訪者に上司との面会を許可するか、他部に廻すか、自分で処理するか、いずれの方法がよいのだろうか……。原稿の中に適切でない表現がある。自分の判断で訂正しようか、意見を聞いた方がよいか……。このようなことは即座に決めて行動に移さなければならない。単調な事務の繰り返しのように見える仕事の中にもさまざまの意思決定がある。

これこれの状況のときはこのようにする、など社員用のテキストには模範解答が決められているけれど、実際には上司の人柄、置かれている状況、相手の出かた、周囲の人達の考えかた、用件の内容、等々によってテキスト通りの決めかたでは通用しないのが実情なのである。また今日この件に関してこう決めたから明日も同じことがおきたらその通りに決めてよいとも限らない。

新入社員はほんの小さな件でもどのように決めたらよいのか戸惑うし、周囲の人達も彼らの決定に不安を感じる。しかし何年間か経験を重ねて行くと、おおかたのことは意識しないでも、即座に決められるようになる。そして、その決定にはまず大きな間違いはなく周囲の人達も安心して見守っている。

茶の点前をするとき、このように足を運び、このようにものを扱うという決まりがある。この決まりに正確に従って点前をしていても初心者はなぜか周囲の人達に心の安らぎを与えられない。頭で習い覚えた知識をもとにした行動には理論の冷たさ……テキスト通りの模範解答の冷たさ……があり、それが外に表れてしまう。長年その道を歩んできた人は意識せずに足を進めても、なにげなくものを置いても、すっきりと決まってしまうのだ。

即座にものを決められるのは技術的な訓練や理論の蓄積というよりは、多分に感性によるものなのだろう。そしてこのすぐれた感性は技術や学問をむりに教えこんだところで養われるものでもない。失敗の苦しさと成功の喜びを心の糧として成長していく過程でいつの間にか育っている感性なのだ。

日常の仕事を行うとき、いちどで、すっきりとものごとを決められるようになったら、やはりその仕事の達人と言えるだろう。

燃焼してこそ味わえる至福

夏の盛り、真昼の太陽が燃える、水面がキラキラ光る。白い砂浜にいる人の影が細く長くなり、太陽はやがて西に傾く。蒼い空に浮かぶ雲をさまざまに彩り、水面に金色の絵具を流しながら、炎のように燃えた太陽は水平線上に燃えつきていく。

春には若葉が萌える、長い冬のかわいた土が、春のめぐみの雨にしっとりぬれると、草花や木々がいっせいに芽ぶく。小さな野の草さえ、田園の小川のほとりで、都心のコンクリート舗装のすき間で、精一杯に芽を出す。さまざまな緑が陽光の中で輝くとき、新緑が燃えているようにまぶしくなる。萌えて、燃えて、草木は秋をむかえる。そして紅葉に燃える最後の美を競う。

ひとつの仕事を達成したいとき、新しい発見をめざして研究をしているとき、愛したい、愛されたいと願うとき、心が燃える。燃える太陽、もえる緑、燃える心……。人は、しかし、近頃めったに燃えなくなった。無関心、無感動……は若者だけでなく、職場で働く人みな、ほとんど燃えることがない。

燃えるためには、渇いていなければならない。とすると私たちは、いま渇いていないのだろうか。たしかに飽食の時代なのだ。満たされ過ぎている。眼を開けば、さまざまな商品、さまざまな映像がある。耳をすませばさまざまな情報が入ってくる。私たちの渇きは、目を開き耳をすますだけでみたされるものではないはずなのに、ただ、たまたまそこにあるものを手に入れたというだけで、ことがたりたように錯覚してしまっている。私たちの心は、こんなおしきせで満足しようはずがない。私たちの心はほんものの美を、愛を、希望を、求めてかわいていているのに灯がともらない。にせものの充足感の中にどっぷり浸ってしまっているからだろうか。

正義感に燃える、理念に燃える…ことはまずない、当然のことなのに不正をただして堂々と意見を述べる人はまれになった。後輩の仕事を好ましくないと思っても叱るとめんどうなことになるからと思う。ある先輩の意見がすばらしいと思っても、周囲が受け入れていなければあえて賛同しようとしない。上司が間違っていると思っても妙な分別心が働いて、なにも言わない方が得だと考える。要するにみんな計算上手になってしまった。計算をするときの心は氷のように冷たい。

生木に点火しても、ときどきチロリと炎の舌をみせるだけでくすぶってしまう。かわいた木の枝が燃えて、燃えて、そして燃えつきたあとに残る、あのしこりのないふわっとした灰のなんとあたたかく、美しいことか。叱っても、争っても、悲しんでも、それだけで終わるのではなく、このあたたかさと美しさで互いに傷ついた心をつつみ合う。それがほんとうのいたわり、強さだ。燃焼したあとにだけ味わえる至福なのだろう。

心を集中すると聞こえてくるのは……

香は、聞く、という。嗅ぐ、とはいわない。香を嗅ぎわける遊びは、香道にも茶道にもある。心を集中して、香のかおりのかすかな違いを嗅ぎわける。聞く、という表現がふさわしい。雅やかな遊びの中に、心のひきしまる静けさがある。

私たちの仕事の三分の二は聞くことにあると思う。来訪者の名前と用件を聞く、ひとつの仕事をしあげるのに必要なさまざまの指示を聞く。おちついて聞いていれば、わからないところがはっきりする、指示の十分でないところがすぐわかる、だからこそ、確認もできれば質問もできる。

ものをたずねることも聞くという。聞いたことに対する答えは、新しい知識であってほしい。近頃は、安易に、人にものを聞く。自分で調べればわかることなのに、人に聞いてしまう。安易に聞いたことの答えは、自分のものにはならない。

駅のホームに立っているときも、街を歩いているときもスピーカーから、たくさんのアナウンスがきこえる。テレビからもラジオからも情報が流れる。会議や研究会では、さまざまの意見が発表される。それでいながら、記憶に残るものは少ない。すべてはきこえてくるだけで聴いてはいないからだろう。

人と人の間を私たちは足早に歩き廻る。しかし、目をつむり、心を澄ませ、耳を傾けると、静かな悠久の時の流れがきこえてくる。

あとがき

私は今年九十一歳になりました。

「お若いですね」とよく言われますが、外見はしっかり年相応になっています。しかし、頭はまだまだ冴えていると自分では思っています。

戦後、大学卒業後すぐにＧＨＱに就職し、その後米国に留学し、帰国後も外国人相手に英語を使う機会の多い仕事に就いてきましたが、外国を知れば知るほど、日本という国の素晴らしさを実感します。この念は年を追うごとに強くなってくるのですが、その一方で、西欧化が急速に進み、自国の言葉、文化、慣習などが軽んじられていくような気がしてなりません。世の中の変化のスピードがどんなに速くなっても、世界に誇れる日本人の「心」は変わらないはずです。

昭和と平成をまるまる生きた人間として、これからを生きる日本人にこれだけは言い残しておきたいと思うことを一冊にまとめてみました。

本書の構想を芙蓉書房出版の平澤公裕さんに話したのは五年ほど前になります。かつて出版した『野花の席』やいくつかの雑誌に書き続けたエッセイを参考に、平澤さんが構成案をつくり、それを何度も作り替えるという作業が数年続きました。ようやく構成が決まり、新たに書き下ろすもの、雑誌に寄稿したもの、講演記録を再編集するものなどを整理し、いよいよまとめるという段階になってからが大変でした。年齢の割に記憶力は確かなほうですから、次から次へと思い出される昔のことを書き留めていったのですが、関心がどんどん拡散してしまい、収拾がつかなくなってしまったのです。結局、平澤さんに本になるような形に仕上げていただきました。

本書に掲載した文章についてふれておきます。

序章と、第1章の「女性が働くことの意味は？」、そして第2章は本書のために新たに書き下ろしたものです。

第1章の「洋の東西往ったり来たり」は雑誌『遠州』に寄稿したものを一部書き換えたもので、「ワーク・パートナーのすすめ」は雑誌『月刊総務』の連載を大幅に書き換えたものです。第3章～第6章は自著『野花の席』から選択した文章を再編集し、加筆、修正したものです。

著者
加藤 秀子（かとう ひでこ）
1927年東京都生まれ。聖心女子大学卒業後、米国ジョージア州立大学でビジネス・アドミニストレーションを専攻。帰国後、銀座東急ホテル、東京ヒルトンホテルの開設に携わる。さらに中国無錫大飯店の開設と従業員教育にも関わる。その後、国際教育振興会に移り日米会話学院SBS（School of Bilingual Secretary）学科長を務めた。この間、日本秘書協会の設立にファウンダーの一人として関わり、CBS（Certified Bilingual Secretary）資格検定制度を創設した。このほか、清泉女子大学講師、東急セミナー「BE」などの講師を務める。著書に『国際秘書入門』（ジャパンタイムズ）、『野花の席』（りん書房）がある。

「国際派やまとなでしこ」という生き方

2018年 8月27日　第1刷発行

著 者
加藤《かとう》 秀子《ひでこ》

発行所
㈱芙蓉書房出版
（代表 平澤公裕）
〒113-0033東京都文京区本郷3-3-13
TEL 03-3813-4466　FAX 03-3813-4615
http://www.fuyoshobo.co.jp

印刷・製本／モリモト印刷

ISBN978-4-8295-0740-7